VARIAÇÃO LINGUÍSTICA
DIVERSIDADE E COTIDIANO

Conselho Acadêmico
Ataliba Teixeira de Castilho
Carlos Eduardo Lins da Silva
Carlos Fico
Jaime Cordeiro
José Luiz Fiorin
Tania Regina de Luca

Proibida a reprodução total ou parcial em qualquer mídia
sem a autorização escrita da editora.
Os infratores estão sujeitos às penas da lei.

A Editora não é responsável pelo conteúdo deste livro.
O Autor conhece os fatos narrados, pelos quais é responsável,
assim como se responsabiliza pelos juízos emitidos.

Consulte nosso catálogo completo e últimos lançamentos em **www.editoracontexto.com.br**.

RAQUEL FREITAG

VARIAÇÃO LINGUÍSTICA
DIVERSIDADE E COTIDIANO

Copyright © 2025 da Autora

Todos os direitos desta edição reservados à
Editora Contexto (Editora Pinsky Ltda.)

Montagem de capa e diagramação
Gustavo S. Vilas Boas

Preparação de textos
Mariana Cardoso

Revisão
Hires Héglan

Dados Internacionais de Catalogação na Publicação (CIP)

Freitag, Raquel
 Variação linguística : diversidade e cotidiano /
Raquel Freitag. – São Paulo : Contexto, 2025.
 128 p. : il.

Bibliografia
ISBN 978-65-5541-615-2

1. Linguística 2. Sociolinguística I. Título

25-1808   CDD 410

Angélica Ilacqua – Bibliotecária – CRB-8/7057

Índice para catálogo sistemático:
1. Linguística

2025

Editora Contexto
Diretor editorial: *Jaime Pinsky*

Rua Dr. José Elias, 520 – Alto da Lapa
05083-030 – São Paulo – SP
PABX: (11) 3832 5838
contato@editoracontexto.com.br
www.editoracontexto.com.br

Sumário

APRESENTAÇÃO 7

PROCESSAMENTO DA INFORMAÇÃO
LINGUÍSTICA E SOCIAL 13

CONSCIÊNCIA, SALIÊNCIA E FREQUÊNCIA 27
    Consciência 31
    Saliência 39
    Frequência 51
    A consciência sociolinguística 55

COMO MEDIR O PROCESSAMENTO 63
    Observação e experimentação 63
    Produção e percepção 65
    Estudos de processamento 70
    Abordagens observacionais e experimentais
        para o processamento 73

DIVERSIDADE LINGUÍSTICA NA SOCIEDADE 95
    Estereótipos, preconceitos e discriminação 96
    Aplicações práticas 108
    Embargos éticos e o futuro dos estudos
        de processamento da variação linguística 115

REFERÊNCIAS 119
A AUTORA 125

APRESENTAÇÃO

A maneira como lidamos com a diversidade linguística no nosso cotidiano importa. Em algum momento, você deve ter percebido diferenças no modo como outra pessoa falou. A percepção disso é tão forte que está até na Bíblia, com os efraimitas sendo assassinados por não pronunciarem direito uma palavra e Pedro, reconhecido pelo jeito que falava.

Ao ouvirmos um pequeno traço do sistema, quando, por exemplo, uma pessoa fala "pobrema", automaticamente fazemos uma série de associações e inferências, por vezes negativas, que vão desde o local onde essa pessoa mora, até o quanto ela ganha e a escolaridade dela. Quando isso acontece, dizemos que a pessoa sofreu preconceito linguístico. Há um corpo de evidências de pesquisa sociolinguísticas que apresentam essa perspectiva. Mas como isso acontece?

E no caminho contrário: o que acontece quando a pessoa que fala "pobrema" ouve "problema"? A diversidade linguística tem efeitos diferentes em perfis de grupos distintos. A coletânea organizada por Marcus Maia, *Psicolinguística: diversidades, interfaces e aplicações*, publicada em 2022 pela Contexto, por exemplo, problematiza essa questão sob a perspectiva da psicolinguística, que tem mostrado abertura para estudos com diversidade de populações, variáveis, métodos e técnicas de análise.

Em tempos cuja diversidade linguística entra na pauta política, como a linguagem neutra e a simples, por exemplo, e são evocados argumentos relativos às questões de compreensão para justificar tomadas de posição, é preciso estabelecer bases metodológicas consistentes para produzir evidências robustas e cientificamente válidas nesse debate.

Por que ouvimos algo de maneira tão diferente e achamos que é o mesmo? Por que mudanças tão profundas na gramática de uma língua sequer são percebidas pelas pessoas? E por que uma mudança mínima num traço da língua gera efeito tão grande a ponto de uma pessoa ser acusada de querer degenerar a língua, deturpar a gramática e sofrer outras recriminações a respeito disso?

Essas perguntas são um convite para você adentrar o campo do processamento da variação linguística e entender como lidamos com a diversidade no cotidiano. Na agenda de pesquisa sociolinguística, tradicionalmente os estudos se dividem quanto ao foco na produção e na percepção. Para responder àquelas perguntas, é preciso ir além dos estudos de produção linguística (como as pessoas empiricamente usam a língua) e de percepção linguística (como os falantes julgam os outros a partir dos usos linguísticos pessoais), incorporando-se a dimensão do processamento (Que formas linguísticas em variação são salientes? Em que contexto? Qual é o esforço envolvido?).

As respostas a essas questões vêm sendo objeto de estudos da sociolinguística, psicolinguística e psicologia da linguagem, junto às ciências cognitivas, que tomam como foco o processamento da variação linguística para tentar desvelar o custo cognitivo do processamento de dado traço linguístico variável em uma língua, considerando-se os padrões de recorrência da produção e os padrões de julgamento da percepção.

Esses estudos tentam identificar quem fala e em que contexto (produção), e o que as pessoas pensam sobre esses diferentes jeitos de falar (percepção). Mas nem sempre o que ouvimos é o que de fato ouvimos. Existem vários processos cognitivos que acontecem entre o nosso ouvir e o nosso perceber a língua. As dinâmicas do processamento linguístico são complexas e, ao mesmo tempo, instigantes. E acontecem a todo o momento! Por isso o foco deste livro é a diversidade no cotidiano: como lidamos com a variação linguística?

Não é necessário conhecimento avançado ou altamente especializado sobre sociolinguística ou psicolinguística para acompanhar tal discussão nesta obra. Sempre que necessário, os termos técnicos são detalhados, e os antecedentes necessários para a compreensão do argumento apresentam-se de maneira didática e acessível a não especialistas.

O capítulo "Processamento da informação linguística e social" estabelece a variação como condição natural das línguas, com foco na diversidade linguística, sua importância cultural e os processos sociolinguísticos e psicolinguísticos envolvidos na variação linguística. O enfoque da psicologia da linguagem e da psicologia social também é introduzido à discussão sobre variação linguística, em especial, como a categorização social influencia a percepção da língua e da identidade e como as diferentes maneiras de falar podem impactar a percepção coletiva, construindo indexação social.

O capítulo "Consciência, saliência e frequência" apresenta o conceito de consciência sociolinguística, nosso conhecimento sobre a variação linguística e como este é constituído por saliência e frequência, dois parâmetros explanatórios da sociolinguística que interagem fortemente com os princípios da psicolinguística, cuja compreensão é essencial para desvelar os mecanismos que sustentam tanto a formação das normas linguísticas quanto o modo como a variação linguística é processada, refletindo não apenas sobre como a língua é usada, mas também sobre como ela é regulada socialmente. Este capítulo, ao explorar tais processos, busca lançar luz sobre a complexa interação entre o automático e o controlado na construção das normas linguísticas.

O capítulo "Como medir o processamento", além de explorar relação entre observação e experimentação, com foco na produção e na percepção da variação linguística, propõe métodos para o estudo do processamento, com o uso de biomarcadores sociolinguísticos, que nos permitem acessar o conhecimento inconsciente da variação linguística.

O estudo do processamento da variação linguística visa compreender os processos subjacentes ao preconceito linguístico e a capacidade de controle de tais julgamentos. Para isso, são utilizadas abordagens observacionais e experimentais, que permitem examinar como as variantes linguísticas são percebidas e avaliadas em diferentes contextos. Essas abordagens ajudam a identificar os mecanismos que sustentam os preconceitos, bem como as estratégias para mitigá-los, promovendo uma compreensão mais profunda sobre as dinâmicas sociolinguísticas.

No capítulo "Diversidade linguística na sociedade", além de consolidarmos a importância da consciência sociolinguística, exploramos suas aplicações práticas em diversos campos, como a educação, a comunicação pública e a inteligência artificial. Na escola, a conscientização sobre a variação linguística pode favorecer um ambiente mais inclusivo, em que as diferentes formas de falar são valorizadas e compreendidas. No campo da comunicação pública, a conscientização pode ajudar a evitar a marginalização de variantes linguísticas associadas a grupos sociais específicos. Já na inteligência artificial, a integração de variantes linguísticas é crucial para o desenvolvimento de algoritmos mais inclusivos e representativos.

O conhecimento da variação linguística contribui para uma sociedade mais equitativa e diversa linguisticamente, e este livro pretende guiar quem tem interesse em adentrar nesse campo.

Boa leitura!

PROCESSAMENTO DA INFORMAÇÃO LINGUÍSTICA E SOCIAL

No mundo todo, havia apenas uma língua, um só idioma. [...] as pessoas encontraram uma planície em Sinar e ali se estabeleceram. Disseram umas às outras: [...]
— Venham! Vamos construir para nós uma cidade com uma torre que alcance os céus. Assim, o nosso nome ficará famoso e não seremos espalhados por toda a terra.
[...] O Senhor disse:
— Se, como um só povo que fala a mesma língua, começaram a fazer isso, nada do que planejem fazer será impossível para eles. Venham! Desçamos e confundamos a língua que falam, para que não entendam mais o que dizem uns aos outros.
Assim, o Senhor os espalhou dali por toda a terra, e pararam de construir a cidade. Por isso, foi chamada Babel, porque ali o Senhor confundiu a língua de todo o mundo.

(Gênesis, 11, 1-9 VNT)

A diversidade linguística é um elemento essencial da cultura, embora nem sempre seja percebida dessa forma. A história da Torre de Babel, na Bíblia, por exemplo, apresenta a multiplicação das línguas como um castigo divino. No entanto, a realidade contemporânea mostra um processo inverso: a crescente hegemonia de algumas poucas línguas resulta na extinção de outras em um fenômeno chamado glotocídio. Atualmente, o inventário *Ethnologue* documenta quase 7 mil línguas vivas, mas muitas delas estão em risco de desaparecimento. Diferentemente do mito bíblico, a homogeneidade linguística não é algo positivo, pois representa a perda de diversidade cultural e histórica.

A ideia de que a língua varia constantemente é fundamental para a sociolinguística. Diferentemente de abordagens prescritivas, que definem o que é certo e errado, e estabelecem normas categóricas e homogeneizantes, a sociolinguística assume que a língua nunca é homogênea.

A variação ocorre em todos os níveis da língua, desde o nível lexical – como "aipim" ~ "macaxeira" ~ "mandioca", em que a variação vem à tona da consciência – e o fonológico – como no caso de "porta", em que a diferença é notada e associada a um sotaque – até o nível sintático – como em "Eu fiz isso ontem" ~ "Fiz isso ontem", em que a diferença no preenchimento do sujeito pronominal dificilmente é notada. Mesmo se for observada, não se torna objeto de correção ou julgamento, diferentemente do que ocorre em "Pra eu fazer" ~ "Pra mim fazer", em que a distinção na realização pronominal do sujeito do infinitivo é alvo de prescrições e patrulhamento normativo. Na perspectiva sociolinguística, a multiplicidade de formas não é um desvio ou uma imperfeição a ser corrigida; é uma característica intrínseca da língua como fenômeno vivo e dinâmico.

Temos uma impressão de que a língua é homogênea, e até faz muito sentido pensar que todos falam exatamente do mesmo jeito. Num mundo ideal, a comunicação ficaria mais eficiente, sem problemas de compreensão, como um mundo pré-Babel, cuja comunicação seria uma linha direta entre uma forma e uma significação. Mas a realidade empírica não é assim. Basta um simples teste, acessível a qualquer pessoa que tiver um aparelho celular e um aplicativo de gravação de áudio. Se a mesma pessoa repetir o som "a" diferentes vezes, haverá diferentes realizações, que podem ser visualizadas fisicamente por meio das suas ondas num espectrograma, nas ondas pulsantes no gravador de áudio. Cada onda tem parâmetros, e a variação nesses parâmetros, como na frequência, na amplitude e na intensidade na produção de um som, torna cada realização "única", dificilmente sendo repetida. E, embora fisicamente sejam coisas diferentes, linguisticamente, são a mesma coisa: a diferença dos parâmetros acústicos é neutralizada até atingir um intervalo que é consensuado como o som associado ao que se entende por "a". Essa variação toda acontece na fala de uma mesma pessoa. Imagine só quando são pessoas diferentes... e quando são níveis gramaticais diferentes... e quando é tudo junto e misturado... Como a mágica acontece? Como as pessoas se entendem?

A ideia de uma única forma e um único significado como garantia da compreensão está presente no senso comum e modela a nossa ideia de comunicação. Afinal, no castigo divino, a ideia de mais formas associadas a um significado era uma maneira de confundir as pessoas. A variação é, frequentemente associada à confusão. Mas não é. A língua é um sistema de regras de dois tipos: as categóricas, que cumprem a relação um-para-um (uma forma linguística – som, palavra, estrutura sintática etc.) para um significado referencial; e as regras variáveis, que aparentam ser uma contradição; afinal, regra é regra, e variação é variação. A noção de regras variáveis da sociolinguística considera que existem mais formas da língua para a expressão de um mesmo significado referencial e que a seleção de uma dessas formas é dependente de uma série de outras condições, tanto no nível linguístico como no social. Assim, a variação é o estado normal das línguas. Esse é um princípio da sociolinguística. E essa variação é dotada de heterogeneidade sistemática, outro princípio da sociolinguística.[1]

Diferentes sons podem ser consensuados de maneiras distintas, por exemplo, uma palavra para referir o item desenhado (não é envelope, mas, sim, o que chega com o envelope, a "carta") pode ter diferentes realizações de sons:

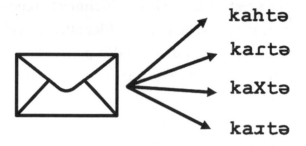

Para referir ao mesmo conteúdo referencial, há diferentes formas da realização do R de "carta", que não mudam o significado do referente, mas dão pistas de quem está falando. Em termos sociolinguísticos, na variável realização do R em final de sílaba, há as variantes fricativa glotal, fricativa velar, tepe e retroflexa. A realização fricativa glotal [h] pode ser associada, por exemplo, ao falar de Belo Horizonte e a realização fricativa velar [X], ao falar da capital do Rio de Janeiro.[2] A vibrante simples [ɾ] pode ser associada, por exemplo, ao falar da capital de São Paulo, enquanto a realização aproximante retroflexa [ɻ], a um falar do interior de São Paulo.[3] Assim, kahtə, kaɾtə, kaXtə e kaɻtə referem-se a mesma coisa, mas não significam o mesmo: além do conteúdo proposicional, há informações sobre quem está dizendo em relação à sua origem dialetal, mesmo que isso não esteja explicitamente na pista linguística. A propriedade da heterogeneidade sistemática nos permite fazer as inferências associativas das características de quem está falando a partir da pista linguística do que é dito.

Mas só um traço, como o R em posição de coda silábica do exemplo citado, não permite precisão na identificação de origem dialetal. A realização glotal está presente na fala de quase toda região Nordeste do Brasil, e a realização aproximante retroflexa também ocorre no interior do Rio Grande do Sul.[4] A combinação de traços que pode ocorrer em uma palavra como "corte", por exemplo, adiciona mais variáveis, com diferentes variantes coocorrendo e contribuindo para uma identificação de origem dialetal mais precisa.

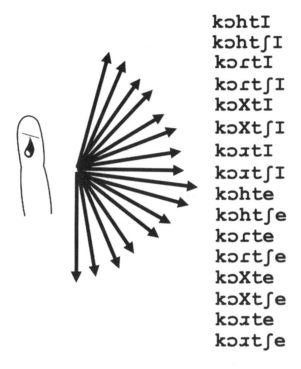

kɔhtI
kɔhtʃI
kɔɾtI
kɔɾtʃI
kɔXtI
kɔXtʃI
kɔɻtI
kɔɻtʃI
kɔhte
kɔhtʃe
kɔɾte
kɔɾtʃe
kɔXte
kɔXtʃe
kɔɻte
kɔɻtʃe

A palavra "corte" pode ter pelo menos 16 realizações possíveis, resultado da combinação entre as variantes das variáveis: realização do R em coda interna [h] ~ [X] ~ [ɾ] ~ [ɻ]; realização oclusiva ou africada de T [t] ~[tʃ]; e realização alçada ou abaixada de E átono final [ɪ] ~ [e]. As combinações são possíveis, e algumas passam a ser prováveis, com base em antecedentes de frequências, decorrentes de experiências anteriores. Assim, uma combinação como kɔhtʃI, com realização fricativa glotal, africada e alçada é provável de ser associada ao falar de Belo Horizonte, enquanto kɔhtI, realização fricativa glotal, oclusiva e alçada, ao falar de uma cidade da região Nordeste, como Aracaju.[5]

A realização com abaixamento da vogal na posição átona tem um espectro de atuação bem mais restrito no Brasil, concentrada na região Sul, em partes do Paraná,[6] região onde a realização de R em coda como fricativa glotal não é recorrente.[7] Talvez a combinação de realizações possíveis menos provável seja a de africada e com abaixamento, pelo menos nesse momento. Daí decorre a natureza probabilística do sistema, implementada por meio de regras variáveis (diferente das categóricas em que uma forma corresponde a um significado, como a da tradição prescritiva), cuja frequência relativa de funcionamento de uma regra faz parte da sua descrição estrutural.[8] A recorrência de realizações leva a inferências prováveis, com base nas frequências experienciadas. Isso quer dizer que só consegue fazer a associação de origem dialetal quem tem em seu repertório uma experiência anterior, seja de uma interação com pessoas com essa combinação de traços, seja por exposição, como ao ver um vídeo ou um programa de televisão, ouvir uma música ou um *podcast* com pessoas que usam esse traço. Se não tivermos essa referência anterior, notamos um jeito diferente de falar, que pode ou não causar estranhamento no nível consciente.

É a partir de nossas experiências que construímos memórias linguísticas, armazenamos representações exemplares.[9] E nossas experiências podem ser boas ou ruins, podemos estar em um dia de bom humor ou mau humor, a situação pode ter sido positiva ou negativa. O impacto emocional ou a relevância cultural também influenciam o modo como organizamos a nossa rede de conhecimentos sociolinguísticos. É, então, pela língua que constituímos nossa identidade na dinâmica das interações sociais. Os significados inferidos a partir do modo como as pessoas falam dependem de experiências prévias, formando redes sociolinguísticas para a construção do significado.[10]

Essa é uma perspectiva de identidade que parte da cognição social, um ramo da psicologia social, mas que é subjacente a outros domínios, como o da sociolinguística.[11] A cognição social é um conjunto de processos que guiam o modo como as pessoas se relacionam com outras no mundo: como uns percebem os demais, o que envolve os comportamentos e as emoções. As experiências decorrentes dos processos de cognição social são organizadas por meio da categorização. Colocar as coisas em categorias é uma tarefa automática que fazemos. É como que se tudo que experienciamos precisasse ser armazenado em uma caixa ou ter um rótulo. Mesmo em meio ao aparente caos, conseguimos encontrar uma caixa para cada coisa, colocar em uma categoria. Algumas coisas entram em mais de uma caixa, e caixas podem ser superpostas e compor caixas ainda maiores. Podemos fazer isso com coisas, com sentimentos, com experiências e com pessoas. O modo como categorizamos coisas, sentimentos, experiências e pessoas interfere no modo como nos inserimos em um grupo.

Existem diferentes abordagens para a cognição social. Uma delas é a apresentada por Henri Tajfel, a teoria da identidade social, que explica como a identidade é moldada pelos laços de pertencimento a grupos sociais e como isso influencia o comportamento interpessoal.[12] Pessoas organizam a sua relação com o mundo pela categorização, o que leva a uma identificação social: ao se identificarem com um grupo, elas passam a adotar suas normas, seus valores e seus comportamentos.

A organização das informações a que temos contato se dá por agrupamentos, por semelhanças, parciais ou totais, em categorias. Esse processo de categorização é essencial na automatização do processamento de informação e na tomada de decisões rápidas. Por meio da cognição social, a categorização pode envolver a formação de estereótipos e a classificação de pessoas com base em características percebidas. Uma das fontes de traços para categorizar as pessoas é a língua. Só de ouvirmos alguém, com base nas informações categorizadas decorrentes de nossas interações sociais, conseguimos predizer, com boa chance de acerto, qual é a idade da pessoa, seu gênero ou de onde vem. Por exemplo, grande parte de nossas experiências de interação social convergem para a formação de um estereótipo entre voz aguda e gênero feminino e voz grave e gênero masculino.[13] Essa associação é decorrente das experiências e gera automaticamente um estereótipo, uma maneira mais eficiente de processar informações sociais. No entanto, isso pode levar a generalizações excessivas, influenciando a maneira como as pessoas percebem e interagem umas com as outras, a ponto de levar a julgamentos automáticos: porque tem voz aguda é mulher, ou porque tem voz grave é homem. Mesmo obras literárias podem evidenciar essas categorizações, a exemplo de palavrões menos pesados serem associados às falas femininas e os mais pesados, às falas masculinas.[14]

Em princípio, estereótipos não são negativos; são, ao contrário, uma estratégia de automatizar a identificação. Mas, a partir do momento que atribuímos nome a uma entidade e a inserimos em determinada categoria, definimos seu lugar em escalas hierárquicas, e, por tabela, valores positivos ou negativos.

A categorização atua fortemente na formação da nossa consciência sociolinguística, como veremos mais à frente: diferentes variedades linguísticas (dialetos, sotaques, jargões, regionalismos) podem ser categorizadas e associadas a diversos grupos sociais. Essa categorização das variedades linguísticas não depende de instrução explícita, como uma regra de gramática a ser estudada, mas é resultado da nossa experiência e exposição às variedades, constituindo nosso repertório dialetal.[15] Por exemplo, a aspiração de /v/ (*esta*[v]*a* ~ *esta*[h]*a*) é um traço dialetal associado a lugares específicos do Brasil, como Fortaleza,[16] mas, exclusivamente, também ocorre em outras regiões do Nordeste.[17] Um estudo com pessoas de Fortaleza mostrou que esse traço é percebido como pertencimento à comunidade, em um perfil social específico, de pessoas com menos escolarização, sendo julgado como um traço estigmatizado.[18]

A forma como a pessoa fala pode ser categorizada de maneira que impacte sua percepção social e identidade pessoal. Então, a estereotipia pode categorizar uma pessoa como menos escolarizada, só porque fez uma realização aspirada em uma palavra, como *esta*[h]*a*, e, daí em diante, outras categorizações continuam sendo ativadas: pouca escolarização pode denotar menos capacidades e o julgamento de menos capacidades pode limitar as oportunidades que essa pessoa poderia ter.

A categorização afeta o modo como as pessoas expressam suas identidades e interpretam as de outras pessoas. O modo como falamos dá pistas de nossa indexação social e influencia como somos percebidos pelos demais. A identidade linguística pode ocorrer no nível individual (uma pessoa pode ser categorizada e avaliada com base em sua identidade linguística, o que influencia a cognição social e pode reforçar ou desafiar estereótipos) ou no nível do grupo (a identidade linguística de um grupo pode influenciar a maneira como esse grupo é categorizado socialmente), afetando as interações sociais e a dinâmica de poder dentro de uma sociedade. É o que acontece, por exemplo, no Brasil, quando uma pessoa que fala uma variedade linguística do Nordeste em contraste com outra que fala a variedade do Sudeste, ou vice-versa.[19]

É a partir de nossas experiências que construímos o nosso valor de referência para as indexações sociais que fazemos: quem fala como eu pertence ao meu grupo, quem fala diferente tem sotaque. Eu falo normal; quem tem sotaque é a outra pessoa. Sotaque é o rótulo para se referir à percepção das diferenças da língua, em especial no nível fonológico ou suprassegmental, e associar a características de um grupo localizado geograficamente. Perceber um sotaque diferente é uma pista para inferir que aquela pessoa não pertence ao meu grupo. A diversidade linguística evoca caracterizações e segmentações, em relações *in-group/out-group* (endogrupo/exogrupo), que nos fazem minimizar diferenças dentro do nosso grupo e acentuar as de fora do nosso grupo.[20] A categorização se dá a partir de uma referência, um padrão, e o que não for padrão é discriminado. O padrão é o que está no meu grupo, a partir do qual eu me autoidentifico e heteroidentifico as outras pessoas a partir de tal padrão.

A base para essa relação entre auto e heteroidentificação é a teoria das representações sociais e a relação intergrupal, da psicologia social, e as relações *in-group/out-group*, ou endogrupal e exogrupal. Um dos efeitos da categorização social é o fato de tendermos a minimizar as diferenças entre membros do nosso grupo e superestimar as diferenças em relação a quem é de fora. Então, estabelecemos relações sob uma perspectiva de categorização, que nunca é absoluta, mas, sim, sempre relativa à perspectiva de grupo que nos enquadra naquela situação, a heterocategorização. Já a autocategorização sempre se espelha no nosso padrão de referência que estabelecemos como "normal" (padrão etc.).[21]

Tudo isso acontece de maneira muito rápida, quase que instantaneamente, sem que nos exija grande esforço para chegar a essas conclusões. Nem sempre temos consciência dos traços variáveis da língua, mas eles agem e afetam nosso julgamento. Daí a importância de estudos no campo do processamento da variação linguística. Esse é um dos grandes desafios da pesquisa sociolinguística, que requer uma interface com a psicolinguística, para tentar explicar por que prestamos atenção em alguns fenômenos variáveis e em outros não, e como as diferenças são tratadas.

A psicolinguística também tem suas premissas fundantes para desvelar processos psicológicos e neurológicos subjacentes à língua. Enquanto a sociolinguística explora a dimensão externa, a psicolinguística explora a natureza mentalística dos processos cognitivos complexos que mediam a língua, como percepção, memória e atenção. A compreensão vai além do que significam as palavras, como se fosse uma busca no dicionário. Em abordagens de cognição, o processamento linguístico envolve a integração de diferentes camadas de informação linguística, fonológica, morfológica, semântica, sintática, pragmática, que não necessariamente ocorrem de modo sequencial e isolado. O processamento da linguístico é dinâmico e interativo, refletindo a adaptabilidade e a eficiência do sistema cognitivo humano.

Assim, na perspectiva psicolinguística, a compreensão envolve o modo como o cérebro processa informações linguísticas. A fala carrega dois tipos de informação: a linguística, ou o que é dito propriamente; e a indexical, quem e onde está dizendo. O processamento de informação linguística e indexical é integrado.

Como se dá o processamento da variação linguística é um campo de estudos ainda incipiente, aberto à formação de consensos, e restringido pelas limitações metodológicas impostas ao recorte do objeto de análise. Os aportes da psicolinguística para o estudo do processamento da variação linguística requerem ajustes de abordagem, com a definição declarada do que se toma como objeto e como pressuposto para a análise de fatos da língua. A diferença entre realização possível e provável remete à frequência e à saliência como parâmetros explanatórios para o nível de consciência da variação linguística, que é o tema a ser explorado no capítulo "Consciência, saliência e frequência".

Notas

[1] U. Weinreich; W. Labov; M. Herzog. *"Empirical Foundations for a Theory of Language Change"*, em W. P. Lehmann; Y. Malkiel (eds.), *Directions for Historical Linguistics*, Austin, University of Texas Press, 1968, pp. 95-195.

[2] T. C. Silva, *Fonética e fonologia do português: roteiro de estudos e guia de exercícios*, São Paulo, Contexto, 2013, p. 51.

[3] V. de A. Aguilera, "Aspectos fonéticos do português brasileiro e as diferentes possibilidades de delimitação de áreas dialetais: os róticos em coda silábica", em J. A. Mota et al. (org.), *Contribuições de estudos geolinguísticos para o português brasileiro: uma homenagem a Suzana Cardoso*, Salvador, Edufba, 2020, pp. 253-76.

[4] A. Gutierres; L. M. Rockenbach; E. Battisti, "Mobilidade e variação linguística: realização da aproximante retroflexa [ɻ] no português de Passo Fundo-RS", em R. M. K. Freitag; M. M. G. Savedra (orgs.), *Mobilidades e contatos linguísticos no Brasil*, São Paulo, Blucher Open Access, 2023, pp. 141-64.

[5] R. M. K. Freitag; A. F. de Souza Neto; T. R. A. Corrêa, "Panorama da palatalização em Sergipe", em M. F. Silva; L. A. Almeida (orgs.), *Língua e sociedade: diferentes perspectivas, fim comum*, São Paulo, Blucher Open Access, 2019, pp. 63-80.

[6] L. T. Costa; L. L. Loregian-Penkal, "O fenômeno de não elevação da vogal /e/ na fala de descendentes de escravos de Mallet, Paraná", em *Revista de Letras Norte@mentos*, ano 9, n. 20, pp. 85-99, 2016.

[7] V. de A. Aguilera, op. cit.

[8] D. Sankoff; W. Labov, "On the uses of variable rules", em *Language in Society*, ano 8, n. 2-3, pp. 189-222, 1979.

[9] Conferir I. C. C. Miranda; D. M. L. O. Guimarães, "Contribuição dos modelos multirrepresentacionais à variação fonológica, em *Letrônica*, ano 6, n. 1, pp. 214-27, 2013.

[10] R. M. K. Freitag; G. G. A. Souza, "O caráter gradiente vs. discreto na palatalização de oclusivas em Sergipe" em *Tabuleiro de letras*, ano 10, n. 2, pp. 78-89, 2016.

[11] M. E. O. Lima; D. X., França; R. M. K. Freitag, *Processos psicossociais de exclusão social*. São Paulo, Blucher Open Access, 2020.

[12] H. Tajfel, *Social Identity and Intergroup Relations*. Cambridge, Cambridge University Press, 2010.

[13] R. M. K. Freitag, (Re)discutindo sexo/gênero na sociolinguística, em R. M. K. Freitag; C. G. Severo (orgs.) em *Mulheres, linguagem e poder: estudos de gênero na sociolinguística brasileira*, São Paulo, Blucher Open Access, 2015, pp. 17-74.

[14] K. V. Menezes, "Explorando pistas sociolinguísticas em obras literárias: o diálogo literário e a construção de personas sociais através de traços variáveis da língua", em *Revista da ABRALIN*, ano 22, n. 2, pp. 64-88, 2023.

[15] D. P. Cardoso, *Atitudes linguísticas e avaliações subjetivas de alguns dialetos brasileiros*, São Paulo, Blucher Open Access, 2015.

[16] A. G. P. Rodrigues; A. A. de Araújo; M. L. de S. Pereira, "Ramo rê se rai dá certo: o enfraquecimento da fricativa /v/ no falar de Fortaleza-CE", em *Fórum linguístico,* ano 15, n. 2, pp. 3055, 2018.

[17] M. D. A. F. Sousa, "A realização variável do fonema /v/ no português brasileiro: revisitando estudos dos anos 2000-2017", em *Web Revista Sociodialeto*, ano 8, n. 24, pp. 1-11, 2018.

[18] A. G. P. Rodrigues; A. A. de Araújo, "Tarra onde, menina réa? A aspiração de /v/ no falar de Fortaleza", em *Revista de estudos da linguagem,* ano 22, n. 2, pp. 11-58, 2014.

[19] R. M. K. Freitag et al., "Como os brasileiros acham que falam? Percepções sociolinguísticas de universitários do Sul e do Nordeste", em *Todas as letras: revista de língua e literatura*, ano 18, n. 2, pp. 64-84, 2014.

[20] B. Mullen et al. "In-group-out-group Differences in Social Projection", em *Journal of Experimental Social Psychology*, ano 28, n. 5, pp. 422-40, 1992.

[21] O viés de categorização está presente também nas decisões metodológicas que tomamos. Por exemplo, na hora de recrutar participantes para entrevistas sociolinguísticas em abordagens de campo, pesquisadores checam a idade, a escolarização, mas dificilmente checam o gênero. Demonstrei isso no texto "(Re)discutindo sexo/gênero na sociolinguística" (op. cit., 2015). Enquanto idade e escolaridade são autocategorizadas, gênero é heterocategorizado.

CONSCIÊNCIA, SALIÊNCIA E FREQUÊNCIA

> *Ouvindose o som, ajuntouse uma multidão, que ficou perplexa, pois cada um os ouvia falar em seu próprio idioma. Atônitos e maravilhados, perguntavam: – Não são galileus todos estes que estão falando? Então, como os ouvimos, cada um de nós, na nossa língua materna?*
>
> (Atos 2, 6-8 VNT)

Por que prestamos atenção em algumas formas linguísticas variáveis e em outras não? Será que é por que são muito frequentes? Será que é por que são salientes? Como a frequência e a saliência atuam para levar ao nível consciente dos falantes certos traços variáveis? Embora frequência e saliência possam ser propriedades com potencial de anunciar a consciência de dada variante da língua, estudos mostram que nem sempre é assim. Entender essas questões é importante para assimilar o modo como a variação linguística é tratada explicitamente em dada sociedade, nas gramáticas, nas aulas de língua portuguesa e nas prescrições gramaticais. Uma regra entra pro radar dos prescritivistas quando atinge a consciência da população? Ou prescritivistas acionam a consciência da população para uma regra?

A relação entre consciência, frequência e saliência de um fenômeno linguístico tem papel crucial na definição de abordagens empíricas, tanto em função do desenho de pesquisa, como pelos vieses de análise. Somos muito influenciáveis, nosso cérebro costuma nos pregar peças. Você já deve ter visto essas figuras; se ainda não viu, preste atenção e decida: qual das duas retas é maior?

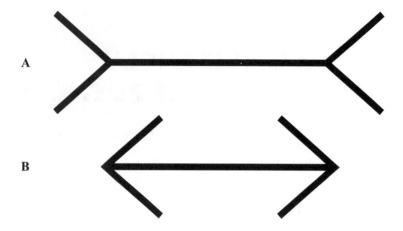

A reta da figura A parece maior porque as pontas de seta na extremidade estão abertas para fora, fazendo o olho continuar o seu movimento de seguir a haste. Ao contrário, a reta da figura B parece menor porque o olho, chegando à ponta da reta, é levado retroceder pela forma da ponta da seta. Conhecidas como Ilusão de Müller-Lyer, ou ilusão da flecha, essas figuras fazem parte do que conhecemos como ilusões perceptivas, comumente chamadas de ilusões de ótica, embora não haja efeito ótico, mas apenas efeito de acuidade visual e atenção.[1] É a resposta do nosso cérebro a regras arbitrárias e a tendências de padrões.

E o que isso tem a ver com língua? As línguas mudam. Elas estão em constante processo de variação. Enquanto houver pessoas falando, tem variação. Mas a maior parte das variações que acontecem não está no nível da consciência das pessoas. Algumas variações que levam a mudanças profundas no sistema da língua sequer são percebidas, como é o caso do preenchimento do sujeito no português. Outras variações tão sutis no sistema levam a um alto grau de monitoramento, como é o caso da regularização da perífrase "vou estar fazendo", comumente conhecida por gerundismo. Por que será que isso acontece?

A passagem de uma língua de sujeito nulo a sujeito pronominal preenchido é uma dessas mudanças profundas na estrutura da língua, representando uma evidência em favor do distanciamento do português brasileiro das demais variedades de português. Em um estudo diacrônico em peças teatrais, Eugenia Duarte mostra que, no português brasileiro, 80% de sujeitos não preenchidos na metade do século XIX foram reduzidos para 28%, no final do século XX.[2] Se em algum momento do passado a omissão de sujeitos pronominais que poderiam ser recuperados pela desinência número-pessoal dos verbos era provável (como em "Gost_o_ de estudar sociolinguística", em que recuperamos o sujeito de primeira pessoa do singular a partir da desinência número-pessoal do verbo), no momento atual da língua, os sujeitos são preenchidos ("Eu gosto de estudar sociolinguística"), o que sugere a mudança em um parâmetro da gramática: de língua de sujeito nulo para língua de sujeito obrigatório. Essa é uma mudança forte, que vai além da percepção do sotaque, frequentemente evocada como argumento em favor da dialetação do português brasileiro em contraponto às outras variedades do português.

Mesmo com tal força interna, essa não é uma mudança que alcança o nível de consciência da comunidade. Não vemos prescrições gramaticais vedando o preenchimento de sujeito por redundância ou recomendando omitir o sujeito para não parecer egocêntrico.

Em outra direção, vem ocorrendo um processo de expansão do valor aspectual do gerúndio para o valor de possibilidade, em um contexto específico no paradigma de expressão do futuro. O gerúndio é uma forma nominal do verbo e ocorre em formas verbais perifrásticas, expressando diferentes noções relacionadas ao aspecto. Este diz respeito a como uma ação verbal é percebida em relação ao tempo e mobiliza formas de gerúndio para expressar noções como telicidade, um ponto final definido ("Eu vou acabar saindo mais cedo hoje"); duratividade, extensão ao longo do tempo ("Eu vou continuar estudando o gerúndio"); e iteratividade, repetição ao longo do tempo ("Eu vou ficar limpando a poeira do teclado a cada meia hora"). Outra noção associada ao verbo e presente nas formas compostas com gerúndio é a de modalidade, que diz respeito à atitude e envolvimento de quem fala em relação à ação expressa pelo verbo, no domínio da possibilidade ou modalidade epistêmica ("Eu devo estar entregando o projeto amanhã"). Outra forma de expressar possibilidade é "Eu vou estar finalizando a tarefa amanhã".

Em todas essas construções, o gerúndio ocorre em uma perífrase em três verbos, com certa regularidade. Entretanto, quando acontece uma construção como "Eu vou estar finalizando a tarefa", que expressa a possibilidade, mas a noção de futuro não pode ser delimitada por não haver um circunstanciador temporal explícito ou, mais especificamente, contextualizado o exemplo "Eu vou estar transferindo a sua ligação", a forma passa a ser alvo de patrulhamento e taxada de gerundismo.[3] Não é uma reação ao uso do gerúndio, nem às perífrases de gerúndio, mas, sim, a um uso bem específico, embora absolutamente sistemático e regular dentro do paradigma modo-aspectual da língua. Todas as listas de "erros para não cometer na sua entrevista de emprego" têm um espaço generoso ao gerundismo: "uso confuso e prolixo", "tentativa de enfeitar o discurso com um resultado tenebroso", mas, só na última construção, as demais perífrases não sofrem esse julgamento.

Compreender como percebemos e reagimos às variantes linguísticas nos permite desvelar os mecanismos que sustentam tanto a formação das normas quanto a dinâmica entre variação e padronização. Assim, este capítulo lança luz sobre os processos que tornam a língua um campo de disputa entre o espontâneo e o deliberado, entre o intuitivo e o regulado, com impacto no modo como processamos a variação linguística.

CONSCIÊNCIA

Como dissemos anteriormente, o processamento de informações linguísticas e indexicais, ou seja, os aspectos que sinalizam a identidade, o contexto e as intenções subjacentes à língua, ocorre de forma integrada, envolvendo a consciência sociolinguística.

Definir o que é consciência não é tarefa simples e depende de assumir diferentes pressupostos teóricos. Na sociolinguística, desde o programa inicial de estudos nos *Fundamentos empíricos para uma teoria de mudança linguística*, o nível de consciência de um fenômeno é evocado, embora não seja definido.[4]

As pessoas, mesmo sem ir à escola, desenvolvem consciência sobre a língua, em diferentes níveis, desde a estrutura e a gramática (isso é português; isso não é), passando por aspectos sociais de uma língua, mais especificamente, a consciência sociolinguística (quem está falando é uma pessoa mais jovem *versus* mais idosa, mais ou menos escolarizada, mora na capital *versus* interior); pragmáticos, como os ajustes entre falante e audiência e suas intenções comunicativas, como a língua pode ser deliberadamente manipulada para efeitos persuasivos e o reconhecimento de como padrões sociais e discursivos são mutuamente constitutivos, e como os falantes estão amplamente imersos e condicionados por esses padrões linguísticos da comunidade.

A atenção dada ao nível de consciência é importante para a compreensão do processamento da variação linguística. Ter consciência não é o mesmo que ter conhecimento consciente (o inglês tem duas palavras diferentes: *consciousness*, para ter consciência, e *awareness*, para ter conhecimento consciente, ou tomada da consciência). Ter consciência significa perceber que a língua é constituída por regras, mas não necessariamente saber precisar ou explicitar quais são elas.[5] A apreensão das regras se dá pela observação dos fatos no contexto de uso da língua por meio das lentes sociais que cada pessoa constituiu com base nas suas experiências.

O nível da consciência social é uma propriedade importante da mudança linguística que precisa ser determinada diretamente, e essa tarefa está no texto fundante da sociolinguística variacionista, como proposto por Weinreich, Labov e Herzog.[6] Por isso, a consciência social é frequentemente evocada como uma característica da comunidade de fala, importante para a difusão de uma mudança linguística: algumas ocorrem no nível da consciência social (*from above*) e outras, abaixo da consciência social (*from below*).[7] Há diferentes abordagens para explicar a relação entre consciência e informação socialmente marcada, como a escala de indicadores, marcadores e estereótipos;[8] *audience design*;[9] ordens indexicais;[10] e campos indexicais.[11] Vejamos mais especificamente cada uma.

Como desdobramento do problema da avaliação, William Labov classifica as variáveis em indicadores, marcadores e estereótipos, considerando o nível de apreciação social dos fenômenos variáveis. Estereótipos são percebidos e comentados na fala de determinado grupo, são traços linguísticos socialmente marcados e manipulados conscientemente por quem fala, são alvo de piadas e de brincadeiras, estão no nível da consciência. Já marcadores apresentam estratificação social e mostram uma mudança estilística, indicando certa consciência, traços linguísticos com indexação social e estilística, que permitem efeitos consistentes sobre o julgamento consciente ou inconsciente de quem ouve sobre quem fala. Indicadores são relacionados com a estratificação social, mas sem variação estilística, e mostram a diferença entre grupos sociais e variedades dialetais. São traços socialmente estratificados, no entanto, não são sujeitos à variação estilística, abaixo da consciência. Essa é uma maneira de organizar as variantes de uma variável sociolinguística, considerando-se a apreciação social, baseada na categorização entre usos e identidade social de quem fala e contexto.

A abordagem que Alan Bell propõe parte do princípio de que falantes adaptam seu repertório de variantes em resposta ao seu público, ou melhor, às suas expectativas. Ao falarmos, ajustamos nossa fala para se alinhar com quem estamos interagindo, não só na escolha de palavras, tom e estilo, mas também no repertório gramatical. Isso contrasta com a proposta de Labov, que considera a identidade social de quem fala e da situação de interação. A abordagem de *audience design* considera a interação dinâmica entre quem fala e sua audiência, atribuindo a seleção de variantes em função da projeção de imagem em relação a quem está ouvindo.

Uma outra abordagem de explorar a consciência social e a variação linguística é a proposta por Michael Silverstein, com ordens indexicais e ideologias. Ideologia é uma palavra marcada no senso comum, que tem diferentes acepções em distintas correntes teóricas. Para o escopo da abordagem deste livro, ideologia é o conjunto de crenças consensuadas em uma sociedade que orientam o modo de interpretar a indexação social e a informação linguística.[12]

A indexicalidade de primeira ordem conecta formas linguísticas específicas a certos grupos sociais ou usos contextuais, e as relações estabelecidas. Essa é uma reação imediata e específica do contexto. A indexicalidade de segunda ordem envolve os significados ideológicos que emergem da indexicalidade de primeira ordem. Certos traços linguísticos, variantes de uma variável, podem levar a pressuposições sobre quem está falando com base em padrões de fala. Certo traço linguístico pode fazer a pessoa ser percebida como tendo determinadas características, com base nas ideologias associadas a esse traço linguístico. Nessa abordagem, as ordens de indexação relacionam o uso individual da língua às ideologias sociais. Ou seja, a seleção das variantes não é uma escolha pessoal, e sim resultado de estruturas sociais e ideologias que circulam na comunidade.

Ainda na tentativa de explicar como a variação linguística e informação social estão associadas, Penelope Eckert apresenta a ideia de campos indexicais. Essa proposta assume que a indexação social associada às variantes não é fixa, mas em formação de um campo de significados potenciais, o campo indexical, ou seja, conjunto de significados ideologicamente relacionados que podem ser ativados dependendo do contexto em que uma variante é usada. Uma realização linguística específica, seja no nível da pronúncia, seja no da escolha gramatical, pode evocar diferentes conotações sociais com base na identidade de quem fala e na percepção de quem ouve.

A noção de campo indexical é moldada pelas associações cognitivas que as pessoas fazem ao interpretar as variantes de uma variável linguística. Essas associações são influenciadas por contextos sociais, ideologias e experiências individuais, permitindo que uma rica bricolagem de significados surja de escolhas linguísticas aparentemente simples. Eckert se baseia na noção de indexicalidade de Michael Silverstein. A ativação de significados em um campo indexical pode conformar ou confrontar normas e identidades sociais. Campos indexicais são dinâmicos, o que significa que a cada vez que as pessoas falam pode haver mudança. Assim, a variação linguística é uma ferramenta para expressar e negociar realidades sociais.

As propostas para explicar o papel da consciência no processo de indexação social e informação linguística, por si só, mostram que, embora a categorização seja um processo extremamente produtivo e automático, não é simplista ou direto, depende do contexto e de expectativas e experiências. Por isso, as identidades não são predefinidas e tão automáticas quanto gostaríamos. Vejamos em um exemplo, retomando o R de "carta" do capítulo "Processamento da informação linguística e social".

A associação entre a origem dialetal de uma pessoa, de onde ela é, e o modo como o R é pronunciado é uma possibilidade, mas não é a única possível. Na verdade, é a mais simplista e pouco produtiva nos dias de hoje. Talvez fosse mais produtiva em outro momento da sociedade, em que as mobilidades eram mais restritas. A associação entre vibrante simples [ɾ] e falar da capital de São Paulo e a realização aproximante retroflexa [ɻ] e um falar do interior do estado é uma categorização possível e, de fato, costumamos associar a realização do R retroflexo como o "R caipira"; daí derivamos uma série de outras categorização: é um traço linguístico associado ao interior de São Paulo e de pessoas com menos escolarização. Essa ideologia circula na sociedade, nas personagens Jeca Tatu, de Monteiro Lobato, ou Chico Bento, da Turma da Mônica. Na vida real, a associação não é assim, direta, e, dependendo de quem está falando e de onde, o significado é diferente, mobilizando diversos campos indexicais relacionados à localização geográfica: enquanto pessoas de São Paulo consideram a realização do R retroflexo como caipira e simples, pessoas de fora da comunidade associam o traço aos valores de solidariedade e sinceridade.[13]

Esse é apenas um exemplo de como o processamento da variação linguística é extremamente complexo. Além da consciência de quem fala, há a projeção pretendida em quem ouve e as ideologias que circulam na comunidade. Em comum, as diferentes abordagens reconhecem que as pessoas fazem distintas avaliações, que podem ser conscientes ou inconscientes, sobre variedades linguísticas, tanto dialetais quanto variedades com interferência de outra língua.

Vamos assumir que os níveis de consciência representam conhecimento mais ou menos implícito *versus* explícito da variação linguística. Na escala de Labov, com estereótipos, as pessoas sabem que o traço linguístico mobilizado está relacionado a uma categoria de falante; com indicadores, elas não sabem que o traço linguístico se refere a uma categoria específica de falante, mas, sim, que está relacionado a uma situação, por exemplo. As pessoas têm conhecimento explícito de estereótipos, de modo que podem discuti-los e refletir sobre eles, fazer piada ou brincadeira. Mas as pessoas também devem ter algum conhecimento de indicadores e marcadores, bem como utilizá-los de forma variável faz parte de sua competência gramatical. Já o conhecimento de indicadores parece ser implícito, já que não são conscientemente objeto de discussão e reflexão.

Na tentativa de explicar o que é conhecimento explícito e implícito, acima e abaixo da consciência, James Hawkey destaca a necessidade de critérios mais empíricos para mensurar o que está acima e abaixo da consciência, o que é conhecimento explícito e implícito.[14] A proposta de Hawkey é uma classificação baseada em três eixos, que articulam nível de consciência: a capacidade de a variante ser objeto de metacomentários (o que separa estereótipos de marcadores e indicadores); a identificação de prestígio explícito da variante em questão; e o eixo do planejamento, que considera que, se uma variante for alvo de ações de planejamento linguístico explícito, será marcada com o traço. Então, um fenômeno variável pode ser categorizados em:

- +/– metacomentários – o quanto falantes estão conscientes de determinada variável linguística;

- +/– prestígio aberto – alguns processos impulsionam variantes que têm alto prestígio linguístico, enquanto outras não;
- +/– planejado – se um fenômeno for explicitamente planejado por um corpo, agência ou ideologia, então ele é considerado + planejado.

Considerando os três eixos articulados em um plano tridimensional, há oito arranjos virtuais para os traços binários, o que recobriria com maior sistematicidade a saliência. Mas, ainda assim, não seria possível considerar os efeitos do processamento.[15]

Na busca por entender o que acontece durante o processamento da variação linguística e como as diferenças formais afetam a compreensão da língua, Lauren Squires distingue os níveis de conhecimento da variação linguística, que é diferente de perceber a existência de variação, havendo, assim, conhecimentos implícitos e explícitos sobre a variação linguística.[16] Squires assume que o conhecimento explícito ("consciência") deve emergir de experiências agregadas em reconhecer as diferenças linguísticas no momento da interação – e chegar à compreensão como linguística e socialmente significativas. Nessa direção, é possível identificar três níveis de consciência: percepção, reconhecimento e compreensão da variação linguística. Esses padrões de consciência se manifestam tanto na comunidade como nos falantes.

O conhecimento da variação decorre de um processo semiótico durante o qual as pessoas de uma comunidade linguística são expostas a diferenças linguísticas, observam-nas e sistematizam padrões de seu uso em conexão com fatos sociais. Enquanto muita pesquisa investigou o estado do conhecimento dos falantes sobre fatos da variação, o processo pelo qual os falantes constroem esse conhecimento (consciência sociolinguística) é ainda inexplorado.

As diferenças entre percepção, reconhecimento e compreensão de variação têm sido amplamente discutidas no campo da aquisição de segunda língua, mas ainda são pouco exploradas na língua materna.

Existe distinção entre "notar uma diferença", que se leva a tomar consciência, e "perceber uma diferença", que pode ocorrer sem que se tome consciência.[17] Ou seja, perceber uma divergência pode ocorrer de forma automática, enquanto o processo de tomar consciência envolve métodos controlados, que geralmente exigem esforço e intencionalidade. O estado de ter consciência sobre eventos ou experiências é uma instância anterior de percepção de algo, e não necessariamente requer esforço deliberado ou instrução. As abordagens de cognição social postulam a existência de um modo dual de processamento: automático e controlado.[18] A capacidade humana é limitada para o processamento da informação, o que leva à atenção seletiva, demandando tempo e esforço, resultando em processamento controlado *versus* automático. O primeiro demanda atenção focalizada; processamento automático, atenção difusa. Há também efeito de consciência e controle: o processamento automático não requer controle de consciência, enquanto o controlado, sim. Um processo automático não é intencional, ocorre espontaneamente, de maneira rápida, não consciente e implícita. Já um processo controlado é intencional, demanda esforço cognitivo e tempo, é explícito e consciente. Processos automáticos são difíceis de modificar; por outro lado, processos controlados podem ser flexibilizados, em circunstâncias.[19] Em linhas muito gerais, processos controlados demandam atenção e esforço consciente; processos automáticos não acessam o nível da consciência para a percepção de esforço e demanda cognitiva.

Uma parede recém-pintada tem uma cor uniforme. Mas, se porventura, alguém nos disser que há uma mancha em um ponto específico, nossa percepção sobre essa parede não será mais a mesma. Ainda que a mancha seja imperceptível e que não tenha chamado a atenção antes, depois de sabermos da existência da mancha, não conseguimos mais parar de prestar atenção nela. Mais ainda: essa pequena mancha, imperceptível, passa a afetar a nossa avaliação sobre o todo, sobre a parede recém-pintada e a sua uniformidade. Processo semelhante acontece com alguns fenômenos de variação linguística que chegam ao nosso nível de consciência, por um processo de tomar consciência da variação.

Como percebemos as manchas na parede, ou melhor, como um traço variável do sistema linguístico entra em nosso radar de consciência? Os parâmetros da saliência e da frequência são apresentados a seguir.

SALIÊNCIA

O nível de consciência social desempenha um importante papel ao determinar quais variantes são sujeitas à correção; é o que parece acontecer com o gerundismo no português. Mas não explica por que não percebemos o preenchimento do sujeito. Precisamos, então, explorar outro conceito, também relacionado à consciência, que é a saliência. Esta pode ser definida como o modo que os padrões de consciência se manifestam, tanto na comunidade como nos falantes. Uma maneira de explicar a saliência na sociolinguística se dá pelos níveis de apreciação social, de variáveis do tipo indicadores, marcadores e estereótipos. Ou, como propõe Squires, pelos níveis de consciência, em termos de perceber, reconhecer e processar a variação, ou seja, por meio do conhecimento implícito e explícito sobre a língua.

Desde o surgimento da linguística como ciência, o conceito de saliência tem desempenhado um papel central nas explicações sobre a dinâmica da língua, como na oposição entre elementos marcados e não marcados estabelecida no Círculo Linguístico de Praga, caracterizada pela oposição binária [+/-], que representa presença ou ausência de um traço, passando depois a ser associada à naturalidade e à universalidade. Um som é dito "marcado" se apresentar determinado traço distintivo, como, por exemplo, [nasalidade], em contraponto a outro som em que o traço é barrado. Na morfologia, a oposição marcado e não marcado no [número], como em *lobo ~ lobos*: singular, casa, é o traço distintivo não marcado [Ø], enquanto *casas*, plural é o traço distintivo marcado [-*s*].[20]

Na semiótica, a saliência está associada à proeminência ou à importância relativa dos signos, indicando que, quanto mais proeminente ou importante um signo, maior é sua acessibilidade. Essa característica impacta diretamente o nível de acessibilidade das entidades na memória, tornando a forma saliente a opção mais provável entre várias possibilidades.

Nos modelos funcionalistas, a noção de saliência advém da *gestalt*, corrente da psicologia que assume que o todo é maior do que a soma das partes, ou seja, a percepção e o processamento da informação não ocorrem apenas pela análise isolada dos elementos, mas, sim, por meio de padrões e estruturas globais. Na língua, essa premissa está presente na oposição figura e fundo nos planos da narrativa,[21] na relação de tópico e comentário, informação dada e informação nova.[22] Em uma narrativa, uma informação pode ser colocada como primeiro plano, a informação principal, o assunto sobre o que se discorre, ou em segundo plano, o cenário ou contexto, os aspectos secundários. Há padrões linguísticos que permitem configurar essas relações. No português, a oposição aspectual pretérito perfeito *versus* pretérito imperfeito dá pistas da relação figura e fundo.[23] Em uma frase como "As crianças pintavam a sala enquanto a professora fez a chamada", o cenário, o fundo ou segundo plano, é expresso pela forma de pretérito imperfeito, e a figura ou primeiro plano, pela forma de pretérito perfeito. A mudança na seleção da forma verbal é uma estratégia para dar mais ou menos proeminência "As crianças pintaram a sala enquanto a professora fazia a chamada". A ordem das informações e a oposição entre dado/novo também interferem na saliência: o que é mais importante na frente. A combinação desses parâmetros torna a informação linguística mais ou menos saliente.

No modelo de Talmy Givón, o princípio da marcação (que é diferente do proposto pela Escola de Praga porque pode ser mais aproximado ao conceito de saliência) fundamenta a gramática das línguas, por estar associado com a tendência comunicativa à economia e à ordem cognitiva do processamento das informações.[24] Nessa abordagem, a marcação é observada por três critérios, que definem o que é e o que não é marcado:

- complexidade estrutural: a forma marcada tende a ser mais complexa (ou maior) que a correspondente não marcada, ou seja, a estrutura não marcada tem menor número de morfemas, ou menos massa fônica, em relação à marcada;
- distribuição de frequência: a forma marcada tende a ser menos frequente e, por isso, mais saliente cognitivamente, que a correspondente não marcada;
- complexidade cognitiva: a forma marcada tende a ser cognitivamente mais complexa, em termos de esforço mental, demanda de atenção ou tempo de processamento, que a não marcada.

Embora os critérios da marcação possam sugerir uma implicação direta (por ser mais complexa cognitivamente, é mais complexa estruturalmente e, portanto, menos frequente), Givón sugere que eles precisam ser considerados independentemente. Apesar da suposta independência, a complexidade cognitiva, propriedade que não pode ser verificada por meio da superfície, como a complexidade estrutural, ou por evidências quantitativas, como a distribuição de frequência, pode ser observada por meio do princípio metaicônico da marcação, segundo o qual "categorias que são estruturalmente mais marcadas tendem também a ser substantivamente mais marcadas".[25]

Assim, em termos gerais, uma estrutura é mais saliente do que outra quanto ao dispêndio de esforço de processamento – mais material a ser processado, como nas construções ativas *versus* passivas – ou por distribuição e frequências – maior a frequência, menor a saliência. A relação entre saliência e marcação se dá de modo que formas não marcadas (mais genéricas) são contrastadas com formas marcadas (mais específicas ou carregadas de significado social). As formas não marcadas geralmente são menos salientes, enquanto as marcadas têm mais significado social e, portanto, tornam-se mais proeminentes no discurso.

Na sociolinguística, a aplicação do conceito de saliência começa a se tornar mais complexa, pois, além da complexidade estrutural da oposição das variantes, há, ainda, o efeito da frequência e da consciência social.

Ao tratar de saliência como um fator explanatório na sociolinguística, Paul Kerswill e Ann Williams apontam três direções de abordagem:[26]

(1)   fenômeno linguístico cuja explicação decorra da saliência de traços;
(2)   explanação interna à língua (contexto fonológico, sintático etc.); e

(3)   fatores extralinguísticos cognitivos, pragmáticos, psicológicos, sociodemográficos.

Na prática, é bastante difícil diferenciar (1) e (2). No português, o fenômeno da concordância de número pode ser explicado por essas direções, como no princípio da saliência fônica e na saliência posicional.

No plural de nomes em português, são consideradas mais salientes as formas em que há maior diferenciação do material fônico quando pareadas no singular e no plural, por exemplo: no par *carro – carros*, há acréscimo de um morfema; já em *ovo – ovos*, além do morfema, ocorre simultaneamente o abaixamento da vogal da sílaba tônica, processo conhecido na tradição gramatical como plural metafônico. Ao ouvir alguém falando, a não marcação do plural redundante em *os carro_* poderia passar desapercebida, mas não em *os ovo_*, por causa do abaixamento da vogal.[27] Esse é um achado da pesquisa conduzida por Miriam Lemle e Anthony Naro com os dados do Mobral, no projeto *Competências básicas do português*,[28] que não só marca a sociolinguística no Brasil, mas dá base a uma importante contribuição à teoria. Labov assim enuncia o princípio da saliência: "quanto mais proeminente a marca de flexão, mais substância fonética associada a ela, maior a tendência de retê-la".[29]

O efeito da saliência fônica é evidenciado como fator explanatório em diversos estudos sociolinguísticos do português brasileiro, especialmente no que se refere à concordância, mas esse não é o único gatilho de saliência, a saliência posicional também exerce atuação na concordância verbal. Em orações com a ordem canônica em português, sujeito-verbo, a marca de concordância verbal tende a ser conservada ("Eles vieram na viagem"); já em orações com a ordem inversa, verbo-sujeito, a marca de concordância tende a ser apagada ("Veio aqueles caras").³⁰ O mesmo acontece na concordância de número em sintagmas nominais, em que as marcas de concordância tendem a se conservar no primeiro elemento à esquerda, e, em sintagmas verbais, quando o sujeito é anteposto ao verbo, posições que são de maior proeminência/saliência. E, ainda no fenômeno da concordância verbal, a saliência semântica da animacidade do sujeito também parece atuar: um sujeito prototípico ([+ animado] e na ordem canônica) é mais saliente para a conservação da marca de concordância do que um sujeito não prototípico ([– animado] e posposto ao verbo), que é mais próximo de um objeto prototípico.³¹

Parece que a interação entre (1) e (2) na proposta de Kerswill e Williams é bastante forte e, aparentemente, ligada às condições de economia e funcionalidade. No entanto, as hipóteses funcionalistas para a mudança linguística em variáveis morfofonêmicas e morfossintáticas, relacionadas à conservação da informação, nem sempre se verificam na prática. Uma contraevidência da atuação da saliência é encontrada no apagamento de T, D finais em inglês, em uma hipótese funcional que prediz que o apagamento seria mais frequente em morfemas -ed em perífrases de presente perfeito do que em verbos regulares no passado, já que a noção temporal é marcada no auxiliar. Não é isso que acontece: para os verbos, o apagamento não é significativamente diferente nos casos dos regulares ou nas perífrases; ao contrário, a categoria que mais apresenta queda é a de palavras monomorfêmicas, em que as explicações funcionais não fazem sentido.³² A dimensão externa tem um papel forte e, segundo Kerswill e Williams, a abordagem (3) seria central para motivar o comportamento das pessoas em certa direção, e, por isso, central para a definição de saliência, já que, na sociolinguística, a saliência é operacionalizada por meio de indexação social, em que variantes de uma variável linguística são associadas a significados ou identidades sociais específicos. Isso significa que algumas variantes se tornam salientes em razão das suas indexações sociais, tornando-as mais propensas a serem notadas e adotadas pelas pessoas. Essa é a ideia subjacente à escala de apreciação social e consciência, em indicadores, marcadores e estereótipos, de William Labov, que vimos anteriormente.[33] Estereótipos são percebidos e comentados como salientes na fala de determinado grupo, configurando traços linguísticos socialmente marcados de forma consciente pelos falantes. Marcadores apresentam estratificação social e mostram uma mudança estilística, indicando certa consciência e configurando traços linguísticos sociais e estilísticos que permitem efeitos consistentes sobre o julgamento consciente ou inconsciente do ouvinte sobre o falante. Indicadores estão correlacionados com a estratificação social, mas, sem variação estilística, mostram a diferença entre grupos sociais e variedades dialetais. São traços socialmente estratificados; no entanto, não são sujeitos à variação estilística.

Outra maneira de relacionar saliência e consciência é a apresentada por Peter Trudgill, com um conjunto de critérios testáveis para atribuir saliência a formas em situações de contato dialetal e mudança linguística, ponderando-se fatores externos e internos à língua.[34] É considerada saliente uma variante:

1. abertamente estigmatizada;
2. de alto prestígio (com implicações na ortografia);
3. que passe por mudança;
4. que apresente grande diferença fonética em relação à variante-padrão;
5. que mantenha contraste fonológico.

Por serem salientes, as pessoas seriam mais conscientes das variáveis com variantes que são foneticamente diferentes e de variantes envolvidas na manutenção do contraste fonológico. Trudgill argumenta que os fatores de saliência levam indicadores (formas que não mostram variações estilísticas e falantes que não são conscientes) a se tornarem marcadores. Por outro lado, Labov diferencia indicadores e marcadores a partir de estereótipos (formas que são objetos de avaliação social consciente). No entanto, formas estereotipadas, segundo Labov, podem desaparecer por conta do efeito da avaliação social consciente, tornando-se cada vez mais distantes do uso real. A relação entre saliência e consciência parece ser circular, um paradoxo do tipo quem vem primeiro.

O fato é que falantes fazem diferentes avaliações conscientes e inconscientes sobre distintas variedades linguísticas, tanto variedades dialetais quanto variedades com interferência de outra língua. A saliência em processos de variação linguística permite identificar os gatilhos de preconceito social, já que variáveis salientes tendem a ser indexadas a perfis sociais no nível consciente. As pessoas estão imersas em língua e, por isso, estão absortas em variação. Há diferentes tipos de variação, desde aquelas que não chamam a atenção, até as que não só chamam a atenção, mas também são alvo de manipulação consciente. Essa é a premissa de enquadramento das variáveis em níveis de apreciação social, indicadores, marcadores, estereótipos.

A premissa dos efeitos da consciência social é o fato de não ser necessário ter consciência dos eventos para percebê-los. Uma variante cognitivamente saliente, ainda que no nível inconsciente, pode vir a carregar indexação social, ou seja, tornar-se um marcador ou um estereótipo. No entanto, por não estarem no nível da consciência social, as pessoas não conseguem relacionar o juízo de valor ao traço linguístico em si. Por isso, mensurar os efeitos da saliência é um parâmetro crucial para estabelecer o escopo e as limitações das habilidades das pessoas para mudar a sua própria fala.

Por isso, a saliência não pode ser considerada apenas na perspectiva da apreciação social. Há componentes relacionados à experiência, e há gatilhos que acionam processos cognitivos para tornar um traço saliente em dado contexto.[35] Precisamos adentrar no domínio da cognição social, o modo como as pessoas percebem, pensam, interpretam, categorizam e julgam os próprios comportamentos sociais e os dos outros. Além da teoria da identidade social, podemos nos valer dos modelos de percepção social de Susan Fiske e dos modelos de percepção social que consideram como motivação e o contexto, que influenciam a percepção e os julgamentos sociais.[36] Nesse sentido, as pessoas percebem e interpretam as variantes com base em suas experiências, expectativas e ambiente sociocultural. A proposta de Hans-Jörg Schmid e Franziska Günther considera a saliência em uma perspectiva sociocognitiva, em que proeminência e importância de características linguísticas e indexação social em um contexto são moldadas por processos cognitivos e interações sociais.[37] Um estímulo pode ser saliente por ser cognitivamente pré-ativado (saliência *top-down*). Esse tipo de saliência pode ocorrer se um estímulo for esperado por ser parte de uma rotina cognitiva, se tiver sido recentemente mencionado, ou em razão das intenções atuais da pessoa falante. Um estímulo pode ser saliente por atrair a atenção da pessoa (saliência *bottom-up*). Em casos prototípicos de saliência *bottom-up*, o estímulo se destaca por ser incongruente com determinado campo por conta das suas características. Mas um estímulo também pode causar surpresa por se desviar de um campo cognitivo, por exemplo, ao violar questões sociais ou probabilísticas em termos de expectativas.

Em uma situação de interação, além de participantes e contexto, existem expectativas cognitivas (o que as pessoas antecipam de informação com base no conhecimento prévio) em uma dinâmica social específica: o que é considerado saliente pode variar não só entre grupos, mas também entre as pessoas, dependendo de suas origens e experiências. Indivíduos em interação não são apenas limitados pelas condições da sociedade, mas também moldam essas condições, por meio de ações de cooperação e egocentrismo. A cooperação é uma prática direcionada à intenção, medida por relevância, enquanto o egocentrismo é um traço orientado para a atenção medido pela saliência. Isso significa que interlocutores ativam a informação mais saliente para a sua atenção na construção (falante) e compreensão (ouvinte) dos enunciados.

O que é saliente para uma pessoa pode não ser para a outra. Por causa disso, as pistas linguísticas podem apontar para diferenças no modo de compreender uma regra, por exemplo. É o que acontece na linguagem neutra, na qual há grupos que interpretam as marcas de expressão de gênero não binário como uma forma neutra, equivalente ao masculino genérico, enquanto outros as interpretam como uma outra marca no sistema, como nas construções coordenadas.[38]

O papel do contexto também é crucial para determinar a saliência de um traço linguístico, em termos do que se espera ou não. A interação envolve um jogo de alinhamento das pistas linguísticas recebidas com as expectativas já existentes. Quando uma pista linguística desvia do que é esperado, pode se tornar mais saliente em razão de sua novidade ou surpresa, o que leva a uma maior atenção no processamento. Talvez ouvir "dois pão" na padaria não seja tão saliente do que ouvir "dois pão" dito por uma pessoa da lei em uma audiência judicial. As expectativas e as experiências são moldadas pelas ideologias; por isso, a saliência não reflete apenas a percepção individual, mas também entendimentos coletivos em uma comunidade.

A percepção linguística é moldada tanto pelo conhecimento armazenado quanto pelo contexto de uso, evidenciando o papel da familiaridade, da expectativa e da novidade na cognição linguística. Um traço linguístico é saliente porque é a primeira representação que vem à mente, por familiaridade e difusão na língua (efeito de frequência), o que faz sua ativação ocorrer de maneira independente do contexto imediato. Esse fenômeno se baseia na confirmação de expectativas previamente armazenadas na memória de longo prazo e é ativado por um contexto cognitivo geral, sem necessidade de uma situação específica. Um traço linguístico pode ser saliente porque é altamente esperado em dado contexto, e sua presença confirma expectativas derivadas da probabilidade de ocorrência naquele cenário. A ativação é determinada por fatores linguísticos, situacionais ou sociais que moldam a expectativa de quem fala, tornando este traço mais perceptível quando ocorre no ambiente apropriado. Há situações em que um traço linguístico se torna saliente porque sua ocorrência em determinado contexto é inesperada, por haver uma violação de expectativas, já que nas representações armazenadas, aquele traço não era previsto para aquela situação. Esse tipo de saliência é ativado pelo contexto imediato, seja ele linguístico, seja situacional, seja social, e faz a pessoa notar a forma justamente porque ela contrasta com suas expectativas. E uma outra possibilidade é a da surpresa, em que um traço linguístico é saliente porque nunca foi ouvido antes. Por não haver representação anterior, não há ativação com base em conhecimento prévio. A ausência de um registro na memória faz o traço se destacar, configurando uma falha na ativação pelo contexto cognitivo geral.

Saliência sociocognitiva[39]

Perspectiva	Motivação	Mecanismo	Contexto
1. O traço linguístico parece saliente porque é a primeira palavra que me veio à mente.	Altamente familiar e fortemente difundida.	Saliência por difusão independente do contexto: confirmação de expectativas baseada no conhecimento armazenado em memória de longo prazo.	Ativação pelo contexto cognitivo geral.
2. O traço linguístico parece saliente porque é a primeira palavra que me veio à mente neste contexto.	Altamente esperada em dado contexto.	Saliência dependente do contexto: confirmação de expectativas derivada da probabilidade de ocorrência em dado contexto.	Ativação pelo contexto linguístico, situacional ou social.
3. O traço linguístico parece saliente porque eu não esperava ouvi-lo neste contexto.	Altamente não esperada em dado contexto.	Saliência por surpresa: violação de expectativas derivada da probabilidade de ocorrência em dado contexto	Ativação pelo contexto linguístico, situacional ou social.
4. O traço linguístico parece saliente porque eu nunca o tinha ouvido antes.	Totalmente desconhecida.	Saliência por novidade: violação de expectativas baseada na ausência de conhecimento armazenado na memória.	Falha na ativação pelo contexto cognitivo geral.

Nessa proposta, "contexto" pode ser entendido como contexto linguístico (aquilo que já foi dito antes), contexto situacional (participantes, tempo, lugar, configuração), contexto social (tipo de evento social, papéis sociais e relações entre os participantes) e contexto cognitivo geral (conhecimento geral e conhecimento linguístico armazenado na memória de longo prazo). E a "motivação" expressa o quanto as pessoas da interação confiam em seu conhecimento mais acessível e saliente envolvido na produção e processamento linguístico.

Essa abordagem de saliência permite explicar como as variações linguísticas se difundem na comunidade e como as pessoas adquirem novos traços para o seu repertório, por meio da confirmação e a violação de expectativas relacionadas ao contexto linguístico, situacional e social.

Mas – e sempre tem um mas – a saliência não atua sozinha. A frequência também é um parâmetro a ser explorado.

FREQUÊNCIA

A frequência é o parâmetro mais concreto para explicar a diversidade linguística. Enquanto saliência e nível de consciência demandam constructos da psicologia relacionados à cognição, em um nível de abstração que pode ser presumido ou observado indiretamente, a frequência é mais operacionalizável, na medida em que, a partir da definição de uma variável e de seus níveis (as suas variantes) e do escopo de onde se pretende medir, obtém-se uma razão entre as realizações ou da razão entre a frequência de tipo e a frequência de ocorrência (*type*/*token*). Há todo um conjunto de premissas para o cálculo das regras variáveis, com modelos matemáticos e rotinas de análises quantitativas inferenciais. No exemplo da concordância, a variável apresenta duas variantes: realização com marcas explícitas ou sem. Contando o número de vezes que cada uma das variantes ocorre em dado contexto, estimamos a frequência de aplicação da regra. Assim, ao examinarmos uma amostra de textos escritos, encontramos, por exemplo, 100 contextos da variável e identificamos que, em 90, há a marca. Estimamos, portanto, a frequência em 90% de ocorrências de marcas explícitas de concordância verbal.

A operacionalização das contagens e frequências fica mais complexa quando introduzimos condicionadores, ou uma variável que pode estar associada a outra. Um condicionador da presença ou ausência da marca explícita de concordância nos verbos pode ser a posição do sujeito: se este está antes ou depois do verbo. Adicionando essa variável às contagens, suponhamos que das 10 contagens em que não há presença da marca explícita, em 8 o sujeito estava posposto. Então, nos 10% de ocorrências sem marcas explícitas de concordância, 80% dos casos o sujeito era posposto ao verbo. A regra começa a ficar mais complexa à medida que adicionamos novos condicionadores. Essa complexidade, no entanto, se reflete na dimensão probabilística da variação: é mais provável que a ausência de marcas de concordância verbal na escrita aconteça em sujeitos pospostos do que em sujeitos antepostos. Se o mesmo procedimento fosse realizado com uma amostra de fala, talvez a proporção entre as razões se alterasse (sinalizando que o tipo de registro tem relação com a presença ou ausência de marcas explícitas de concordância) ou não (sinalizando que para essa variável, o tipo de registro não condiciona a variação na concordância).

A frequência de realização de variantes se torna uma pista para inferir outros condicionamentos e relações. É o que acontece com a classificação de variantes na escala de apreciação social em indicadores, marcadores e estereótipos. A associação da frequência de uma variante a níveis de condicionadores externos é interpretada como evidência da apreciação social: se uma variante for, por exemplo, associada a um perfil de pessoas de baixa escolarização, sugere-se um comportamento de estereótipo, enquanto se for associada a um perfil de monitoramento (se ocorre mais na fala ou na escrita, em situações formais ou informais), sugere-se um comportamento marcador.

Quando uma variante de uma variável linguística é frequente, ela se torna saliente. Por isso, muitas vezes, saliência é tomada como equivalente à frequência. Essa é a perspectiva da abordagem conhecida como *corpus*-para-cognição, proposta por Ronald Langacker, em que frequência = saliência: a frequência de ocorrência de um fenômeno torna-o saliente.[40]

Posição diferente tem Talmy Givón, ao tratar da saliência por marcação: embora os critérios da marcação possam sugerir uma implicação direta (por ser mais complexo cognitivamente, é mais complexo estruturalmente e, por isso, menos frequente), frequência ≠ saliência, e ambos os parâmetros precisam ser considerados independentemente. Além disso, nos critérios de marcação, há uma restrição operacional: a complexidade cognitiva não pode ser verificada por meio da superfície, como a complexidade estrutural, ou por evidências quantitativas, como a distribuição de frequência. Givón propõe o princípio metaicônico da marcação: "categorias que são estruturalmente mais marcadas tendem também a ser substantivamente mais marcadas".[41] Daí a necessidade de estudos que considerem complexidade cognitiva. Será que a proporção de ocorrências de um fenômeno encontrada em um *corpus* corresponde à proporção de resultados de uma tarefa de geração de dados?

A diferença de ponto de vista sobre como lidar com saliência evidencia que só com a observação da frequência não é possível saber qual é a relação entre saliência, frequência e consciência, já que um constructo é estimado a partir do outro, em uma explanação circular. Esses três fatores não atuam isoladamente; eles interagem de forma complexa:

- **consciência e saliência**: fenômenos salientes têm maior probabilidade de serem conscientes para os falantes, mas nem sempre. Por exemplo, a redução vocálica é perceptível, mas, muitas vezes, não é conscientemente monitorada;
- **frequência e saliência**: traços muito frequentes podem perder saliência por se tornarem habituais, enquanto traços menos frequentes podem ser mais destacados;

- **frequência e consciência**: traços frequentes têm mais chances de serem percebidos e comentados socialmente, mas isso depende de sua relevância cultural e do contexto em que ocorrem.

A interação entre frequência e saliência ainda tem um outro direcionamento, que é o relacionado à granularidade da informação. A frequência pode ser considerada quanto à sua recorrência sistemática (consistência), ou se a ocorrência variar de quantidade no decorrer do tempo (intensidade).

INTENSIDADE   CONSISTÊNCIA

Uma variante não é saliente, mas torna-se saliente em uma abordagem processual, enfocando as implicações cognitivas da percepção social.[42] E essa granularidade depende da relação *type/token* de frequência de uma variável e suas variantes e seu peso ideológico, a informação socialmente marcada.[43] Quantas vezes uma variante precisa acontecer para que se preste atenção nela, no nível consciente ou inconsciente? Pela perspectiva de saliência que vimos anteriormente, todas as variantes apresentam algum grau de saliência, maior ou menor. A questão é quando e quanto esse grau de saliência se torna decisivo para mudar a relação com a variante. Uma analogia pode ser feita com uma questão de paladar: qual é o parâmetro para considerar um café doce? Quantas colheres de açúcar são necessárias para mudar esse parâmetro? Quanto tempo decorre desde o primeiro gole até uma mudança nesse parâmetro? A saliência, então, depende do processo de exposição à variante em termos de quantidade e de janela temporal.

As teorias de língua baseadas em usos (por oposição às teorias mentalísticas) tomam a frequência como um parâmetro para explicar o funcionamento da língua: mas, afinal, o que contamos? O que poderíamos estar contando? No capítulo "Como medir o processamento", vamos explorar as questões metodológicas envolvidas nessa intrincada relação. Mas, antes disso, podemos voltar às questões iniciais deste capítulo, desenvolvendo o conceito de consciência sociolinguística.

A CONSCIÊNCIA SOCIOLINGUÍSTICA

Prestamos atenção em algumas formas linguísticas variáveis e não variáveis em outras por efeito da interação frequência e saliência, que podem influenciar a nossa percepção consciente.

As pessoas desenvolvem uma consciência de língua, um conjunto de conhecimentos específicos sobre a língua, tanto no nível da estrutura e gramática, como também em relação aos aspectos sociais de uma língua, incluindo variação linguística, o que envolve a sintonia e o ajuste entre falante e a audiência e a manipulação de recursos linguísticos para obter sentidos. Isso significa que as pessoas comuns, não linguistas, constroem conhecimento e ideologias sobre a língua. Essa é uma força cognitiva implícita. Por outro lado, uma força cognitiva explícita também regula nosso comportamento linguístico, o prescritivismo: conjunto de práticas metalinguísticas normativas, com foco no valor de correção, no uso "correto", de acordo a norma codificada em algum compêndio gramatical.

Enquanto outros níveis de consciência se estabilizam em determinado ponto do desenvolvimento, como a consciência fonológica, a consciência sociolinguística é continuamente desenvolvida. As forças que guiam nosso comportamento, durante toda nossa vida, e o padrão de comportamento de variáveis que estão no nos níveis da consciência social pode ser modificado: as redes de relacionamento, a entrada no mercado de trabalho, a exposição a outras variedades atuam no conhecimento implícito da consciência sociolinguística, enquanto as prescrições gramaticais e a escola atuam explicitamente. Os efeitos da atuação dessas forças no nível fonológico têm sido mais sistematicamente observados, seja por meio do senso comum, conhecimento de não linguistas e a identificação de sotaques, seja em estudos empíricos.

O nível de consciência social desempenha um importante papel ao determinar quais variantes fonéticas são sujeitas à correção. Estudos de sociofonética têm evidenciado correlações regulares entre o nível de consciência do significado social de mudanças fonológicas e a percepção das pessoas durante seu ciclo de vida. Por exemplo, estudantes que estão se preparando para conseguir acesso às universidades de prestígio nacional, nos Estados Unidos, modulam seu comportamento linguístico em direção a variantes que estão acima do nível de consciência social, e, por isso, passíveis de moderação.[44] Variáveis fonológicas são mais facilmente adaptáveis para veicular significados sociais em virtude de sua frequência e por estarem desvinculadas de funções referenciais, o que não acontece em variáveis gramaticais.[45]

Por que intuitivamente é tão difícil perceber que existe variação além da fonologia? A resposta a essa pergunta perpassa pela noção de saliência e pelo quanto prestamos atenção no processamento da língua enquanto estamos em situação de interação, mas também envolve o modo como formamos a nossa consciência sociolinguística e a penalidade prescritivista. É o que mostra Isabelle Buchstaller ao acompanhar três fenômenos de mudança em progresso com diferentes níveis de percepção social e indexicalidade, no decorrer do ciclo de vida de um grupo de pessoas – ultrassaliente e socialmente estigmatizado (quotativo *be like*), altamente saliente, mas barrado por orientações prescritivas (possessivo estativo *got*) e moderadamente saliente e não indexado socialmente (*have got, going to*).[46]

Em função de diferentes níveis de saliência e de avaliação social das formas, podemos identificar quatro tipos de fenômeno variável no nível da gramática:

- fenômenos variáveis a que as pessoas não reagem;
- fenômenos variáveis dialetalmente salientes;
- fenômenos variáveis socialmente salientes;
- fenômenos variáveis salientes por força do prescritivismo.

O preenchimento do sujeito é variável. Essa variação vem acontecendo há muito tempo e esse é um fenômeno variável a que as pessoas não reagem. Havia um tempo que as desinências número-pessoais do português eram suficientes para uma indicação unívoca do sujeito gramatical. Mas com a entrada de novos pronomes, como *a gente* e *você*, a relação unívoca é desfeita e não mais basta observar a desinência para saber quem é o sujeito gramatical (o famoso, mas falho, "pergunte ao verbo"). Quando eu digo *canta*, o falante precisa de mais informações para saber se o sujeito é *ele*, *você*, *tu*, a *gente*, *nós*, *vocês* ou *eles*, porque ainda temos outra variação encaixada, a expressão das marcas de concordância. Para desfazer a ambiguidade, só preenchendo o sujeito gramatical.

É possível saber origem social ou dialetal do falante por causa do preenchimento ou não do sujeito pronominal? Pouco provável. Esse é um caso de variação, mas que não é socialmente ou dialetalmente indexada, embora tenha relação com registro (fala ou escrita).[47]

Traços linguísticos no nível gramatical também evocam imediatamente uma presunção de origem, como é o caso da variação na expressão da segunda pessoa do singular. Em certas regiões, se usa *tu*; em outras, *você;* em algumas, mais *tu* do que *você*; em outras, mais *você* do que *tu*. Esse é um exemplo de fenômeno variável dialetalmente saliente.[48] Nas regiões onde as duas formas coexistem, há valores de formalidade, de contexto e de geração/faixa etária associados que determinam a escolha de um ou de outro pronome, configurando um fenômeno variável socialmente saliente.

Há também fenômenos linguísticos que podem ser comparados ao que chamo de "pelo em ovo". A princípio, pelos não existem em ovos, mas, para quem busca insistentemente, acabam por aparecer. Um exemplo disso ocorre em "Quando o professor pede para mim explicar algo no quadro" (tirada de um meme que circulou nas redes tempos atrás). O que há de errado nessa construção? Trata-se de um caso de variação linguística? De imediato, alguém pode afirmar que a expressão *para mim* seguida de um verbo está incorreta, porque "mim não conjuga verbo". Mas será que realmente está? Será que, em algum momento, você nunca utilizou essa mesma estrutura? Na fala, ocorre 20% de "pra mim" e 8% de "pra eu".[49] Esse é um caso de "pelo em ovo": um fenômeno linguístico que só se torna perceptível porque as pessoas são expostas a ele por meio de prescrições gramaticais. Trata-se, portanto, de uma variação tornada saliente pela força do prescritivismo. Além disso, por estarem respaldadas em normas gramaticais rigidamente ensinadas, as pessoas se sentem no direito de corrigir as outras, mesmo sem necessariamente perceberem o uso da estrutura em sua própria fala ou escrita. E, curioso: as pessoas com a maior frequência de uso desse tipo de variante na sua fala são as que mais julgam negativamente esse mesmo traço na fala de outros, são as pessoas cata-erros.[50]

Aqui é importante destacar que tipo de prescrições são essas. Não são as encontradas em bons instrumentos normativos, como gramáticas. Ao contrário, são os representantes do que Carlos

Alberto Faraco chama de "norma curta":[51] prescritivismos, com foco totalmente no erro e na correção, e regras desse tipo fazem as pessoas saírem à caça de erros.

Mas uma regra entra no radar de prescritivistas quando atinge a consciência da população ou são prescritivistas que acionam essa consciência para uma regra? Precisamos de método para estudar o processamento da variação.

Notas

[1] B. Bermond; J. Van Heerden, "The Muller-Lyer Illusion Explained and its Theoretical Importance Reconsidered", em *Biology and Philosophy*, ano 11, pp. 321-38, 1996.

[2] M. E. L. Duarte, "A evolução na representação do sujeito pronominal em dois tempos, em M. D. C. Paiva; M. E. L. Duarte, *Mudança linguística em tempo real*, Rio de Janeiro, Contra Capa, 2003, pp. 115-28.

[3] F. F. Torres; M. Coan, "Gerundismo: variação e preconceito linguístico, em *Revista do GELNE*, ano13, n. 1/2, pp. 1-14, 2011.

[4] Weinreich; Labov; Herzog, op. cit., 1968.

[5] K. B. McGowan; A. M. Babel, "Perceiving isn't Believing: Divergence in Levels of Sociolinguistic Awareness, em *Language in Society*, pp. 1-26, 2019.

[6] No ensaio programático do campo da sociolinguística, *Fundamentos empíricos para uma teoria da mudança linguística*, Uriel Weinreich, William Labov e Marvin Herzog esboçam uma lista de cinco problemas que uma teoria de mudança linguística deveria prover respostas: os correlatos subjetivos da mudança, ou problema da avaliação; a correlação com a estrutura social e com o sistema linguístico, ou problema do encaixamento; o percurso das mudanças nos subgrupos sociais, ou problema da transição; a difusão da mudança no grupos sociais, ou problema da implementação; e a ordenação ou influência de significados sociais, ou problema das restrições.

[7] W. Labov, "On the Mechanism of Linguistic Change, em *Georgetown Monographs on Language and Linguistics*, ano 18, n. 91-114, pp. 110, 1965.

[8] Idem, *Sociolinguistic Patterns*,Philadelphia, University of Pennsilvania Press, 1972, pp. 314.

[9] A. Bell, "Language Style as Audience Design", em *Language in Society*, ano 13, n. 2, pp. 145-204, 1984.

[10] M. Silverstein, "Indexical Order and the Dialectics of Sociolinguistic Life, em *Language & communication*, ano 23, n. 3-4, pp. 193-229, 2003.

[11] P. Eckert, "Variation and the indexical field", em *Journal of Sociolinguistics*, ano 12, n. 4, pp. 453-76, 2008.

[12] Uma explicação bastante didática e essencial para a compreensão de como as ideologias modelam a interpretação do mundo é oferecida por Magda Soares, em *Linguagem e escola*, ao apresentar as ideologias para explicar o fracasso escolar: a ideologia do dom, a da deficiência e a da diferença, e como a língua é o índice que aciona cada uma delas.

[13] L. Oushiro, "A Computational Approach for Modeling the Indexical Field", em *Revista de estudos da linguagem*, ano 27, n. 4, pp. 1737-86, 2019.

[14] J. Hawkey, "Developing Discussion of Language Change Into a Three-Dimensional Model of Linguistic Phenomena", em *Language and Linguistics Compass*, ano 10, n. 4, pp. 176-90, 2016.
[15] Em *Não existe linguagem neutra! Gênero na sociedade e na gramática do português brasileiro*, a aplicação da proposta de classificação de Hawkey, em 2016, mostra que as variantes emergentes para a expressão de gênero não binário e gênero redundante são [+ comentários metalinguísticos] e [+ planejado]. As pessoas comentam, expressam opiniões sobre as variantes, fazem memes e piadas, tanto com gênero não binário, como com gênero redundante. E o traço [+ planejamento] decorre da manualização do gênero e das propostas de projetos de lei para proibir marcas não binárias.
[16] L. Squires, Processing Grammatical Differences: Perceiving versus Noticing, em A. Babel (ed.), *Awareness and Control in Sociolinguistic Research*, Cambridge, Cambridge University Press, pp. 80-103, 2016.
[17] K. Drager; M. J. Kirtley, "Awareness, salience, and stereotypes in exemplar-based models of speech production and perception", em A. Babel (ed.), *Awareness and Control in Sociolinguistic Research*, Cambridge, Cambridge University Press, pp. 1-24, 2016.
[18] S. E. Chaiken; Y. E. Trope, *Dual-process theories in social psychology*, New York, Guilford Press, 1999.
[19] B. K. Payne, "What Mistakes Disclose: A Process Dissociation Approach to Automatic and Controlled Processes in Social Psychology", em *Social and Personality Psychology Compass*, ano 2, n. 2, pp. 1073-92, 2008.
[20] E, também, dentro dessa corrente, na expressão de gênero, o masculino é o elemento não marcado e o feminino, o marcado.
[21] T. Givón, "Language, Function and Typology", em *Journal of Literary Semantics*, ano 14, n. 2, pp. 83-97, 1985.
[22] W. L. Chafe, "Language and Consciousness", em *Language*, pp. 111-33, 1974.
[23] A. S. Araujo; R. M. K. Freitag, "O funcionamento dos planos discursivos em textos narrativos e opinativos: um estudo da atuação do domínio aspectual", em *Signum: estudos da linguagem*, ano 15, n. 1, pp. 57-76, 2012.
[24] T. Givón, (1995). *Functionalism and Grammar*. Amsterdam/Philadelphia: John Benjamin, 1995.
[25] Idem, ibidem, p. 25. Como veremos mais à frente, estudos de natureza experimental, com medida on-line, têm sido desenvolvidos para poder observar efetivamente a complexidade cognitiva da marcação (para superar o princípio metaicônico da marcação), que atua com restrições de uso às formas, ou penalidades de processamento, o que pode levar aos direcionais de mudança linguística.
[26] P. Kerswill; A. Williams, "'Salience' as an Explanatory Factor in Language Change: Evidence from Dialect Levelling in Urban England", em *Contributions to the Sociology of Language*, ano 86, n. 81-110, pp. 102, 2002.
[27] M. M. P. Scherre; A. J. Naro, "Sobre a concordância de número no português falado do Brasil", em G. Ruffino (ed.), *Dialettologia, geolinguistica, sociolinguística*, Tübingen, Max Niemeyer Verlag, 1998, pp. 509-524).
[28] M. Lemle; A. J. Naro, *Competências básicas do português: relatório final de pesquisa apresentado às instituições patrocinadoras – Fundação Mobral e Fundação Ford*. Rio de Janeiro, 1977.
[29] W. Labov, *Principles of Linguistic Change. Internal factors*, v. I., Oxford, Basil Blackwell, 1994, pp. 56.

[30] M. M. P. Scherre; A. J. Naro; C. R. Cardoso, "O papel do tipo de verbo na concordância verbal no português brasileiro", em *DELTA: Documentação de Estudos em Linguística Teórica e Aplicada*, ano 23, pp. 283-317, 2007.

[31] R. M. K. Freitag, "Saliência estrutural, distribucional e sociocognitiva", em *Acta Scientiarum. Language and Culture*, ano 40, n. 2, 2018.

[32] Labov, op. cit., 1994.

[33] Idem, op. cit., 1972.

[34] P. Trudgill, *Dialects in contact*, Oxford, Basil Blackwell, 1986.

[35] H. J. Schmid; F. Günther, "Toward a Unified Socio-cognitive Framework for Salience in Language", em *Frontiers in Psychology*, ano 7, pp. 1110, 2016.

[36] S. T. Fiske; S. E. Taylor, *Social cognition: From brains to culture*, 4. ed., California, Sage, 2020.

[37] H. J. Schmid; F. Günther, F. op. cit., 2016.

[38] R. Freitag, *Não existe linguagem neutra! Gênero na sociedade e na gramática do Português Brasileiro*. São Paulo, Contexto, 2024.

[39] Quadro elaborado e adaptado a partir de Schmid; Günther, op. cit., 2016.

[40] R. W. Langacker, *Cognitive Linguistics Research*. Berlin, Mouton de Gruyter, 1991.

[41] T. Givón, op. cit., 1995, p. 25.

[42] E. Levon; S. Fox, "Social Salience and the Sociolinguistic Monitor: A Case Study of ING and TH-Fronting in Britain", em *Journal of English Linguistics*, ano 42, n. 3, pp. 185-217, 2014.

[43] W. Labov et al. "Listeners' sensitivity to the frequency of sociolinguistic variables", em *Annual Meeting of NWAV*, 2005.

[44] H. Prichard; M. Tamminga, "The Impact of Higher Education on Philadelphia Vowels", em *University of Pennsylvania Working Papers in Linguistics*, ano 18, n. 2, pp. 87-95, 2012.

[45] P. Eckert; W. Labov, "Phonetics, Phonology and Social Meaning", em *Journal of Sociolinguistics*, ano 21, n. 4, pp. 467-96, 2017.

[46] I. Buchstaller, "Investigating the effect of socio-cognitive salience and speaker-based factors in morpho-syntactic life-span change", em *Journal of English Linguistics*, ano 44, n. 3, pp. 199-229, 2016.

[47] M. E. L. Duarte, "A evolução na representação do sujeito pronominal em dois tempos", em *Mudança linguística em tempo real*, Rio de Janeiro, Contra Capa/Faperj, 2003, pp. 115-28.

[48] Marta Scherre tem organizado quadros comparativos da distribuição dessa variação no português brasileiro, como o apresentado no livro *Mapeamento sociolinguístico do português brasileiro* (Abraçado e Martins 2015). Apesar disso, os materiais didáticos para o ensino de língua portuguesa não contemplam essa variação, continuam apresentando um quadro pronominal em que *tu* é a única forma de referência à segunda pessoa, ainda que existam sistematizações aplicadas ao ensino (Lopes 2011).

[49] A. B. S. Gomes, *Tinha só um dia pra mim fazer a inscrição: um estudo sociolinguístico da variação pronominal em orações infinitivas iniciadas por para*. Dissertação (Mestrado) – Universidade Estadual Paulista Júlio de Mesquita Filho. São José do Rio Preto: IBILCE, 2019.

[50] Labov, op. cit., 1972, p. 311.

[51] C. A. Faraco. *Norma culta brasileira: desatando alguns nós*. São Paulo, Parábola, 2008.

COMO MEDIR O PROCESSAMENTO

Há muitos idiomas no mundo, e todos têm sentido. Mas, se eu não entendo um idioma, sou estrangeiro para quem o fala, e ele é estrangeiro para mim.

(1 Coríntios 14, 10-11, VNT)

OBSERVAÇÃO E EXPERIMENTAÇÃO

No campo da sociolinguística, há várias vertentes de estudo que contribuem para o desvelamento das associações entre traços linguísticos e perfis sociais, assim como seus efeitos na construção e na performance das identidades linguísticas. A primeira coisa que precisamos ter em mente é que sempre haverá uma visão parcial e recortada de uma dinâmica de interação complexa e multimodal.[1] Por isso, sempre é importante confrontar outras fontes de abordagem.

O limiar da consciência da variação linguística envolve identificar quanto as pessoas percebem, reconhecem e entendem a diferença sociolinguística. Isso significa que há uma conexão entre processamento linguístico e o significado social das variantes de uma variável linguística. Como vimos no capítulo "Consciência, saliência e frequência", considerar só a frequência de uso de variantes correlacionada a fatores condicionadores não é suficiente. Dennis Preston distingue as abordagens interessadas em captar processos de variação e mudança daquelas com foco no *language regard*: o que as pessoas acreditam sobre a língua, como isso as afeta e como seus próprios recursos linguísticos estão de acordo com esses fatos atitudinais e ideológicos.[2] A sociolinguística variacionista tem se dedicado a captar os processos de variação e mudança. *Language regard* é o rótulo que engloba outras abordagens que lidam com a variação, como a da linguística popular, com tarefas de dialetologia perceptual (mapas em que as pessoas situam onde acreditam que uma variante linguística é usada), relatos anedóticos colhidos na conversação e a performance, a imitação de como se supõe ser o modo de falar de uma pessoa de dado perfil social ou dialetal. Também estão no escopo do *language regard* as abordagens da psicologia social da linguagem, que capta atitudes por meio de tarefas experimentais, e da linguística antropológica, que capta as ideologias por meio de observação.

Parece importante, então, saber se as evidências colhidas para o estudo de um fenômeno variável se dá por um método observacional ou experimental. Estudos observacionais são aqueles em que há interferência mínima no objeto da fonte de evidência, como entrevistas sociolinguísticas, avaliações metalinguísticas ou outras estratégias que gerem dados empíricos para observação de comportamentos a fim de identificar padrões, correlações e tendências, como a frequência de uso de uma variante, de um julgamento ou a identificação de padrões. O foco é a mensuração de variáveis de interesse, mas não a sua influência na resposta. O resultado é a descrição do que está acontecendo no conjunto de dados gerados, com a identificação das variáveis que estão associadas com o fenômeno (associação: $x \leftrightarrow y$).

Estudos experimentais demandam maior controle das variáveis e na forma como os dados são coletados, com a manipulação de uma variável para mensurar o efeito sobre outra. Esse arranjo permite identificar as relações entre as variáveis (causa e efeito: $x \to y$).

A sociolinguística tem como interesse o conjunto das regras da comunidade de fala, não como as pessoas falam, mas os juízos de valor que estão associados às variantes e em que contextos acontece essa associação. A sociolinguística brasileira tem se dedicado a estudos de correlação do sistema social com o sistema linguístico, que tem contribuído para o mapeamento do português brasileiro, com a identificação da associação entre variantes e padrões sociodemográficos amplos.[3]

PRODUÇÃO E PERCEPÇÃO

Outra distinção importante é quanto ao objeto da descrição sociolinguística: a produção ou a percepção. Estudos de produção têm como objetivo identificar quem usa e em que contextos as variantes de dada variável sociolinguística, em busca de desvelar a norma linguística da comunidade. Esse tipo de abordagem tem provido a descrição de usos a partir de amostras linguísticas obtidas por protocolos de entrevistas sociolinguísticas ou questionários. Estudos de percepção têm por objetivo identificar como as variantes de dada variável sociolinguística são julgadas e a que ou quem estão associadas, em busca de desvelar o padrão de consciência social da comunidade.

Estudos de produção

Estudos de produção podem dar pistas do processamento. Por exemplo, o protocolo da entrevista sociolinguística proposto por Labov é baseado em atenção à fala, em um contínuo do maior ao menor monitoramento: leitura de pares mínimos → leitura de texto → fala situação formal → fala informal (risco de vida). É possível inferir nível de consciência a partir da distribuição de dada variante em função de gatilhos de atenção à fala. A sociolinguística, tradicionalmente, faz uso de resultados de estudos de produção, considerando-se a frequência *type/token*. Ainda considerando-se a produção, dados societais, com memes, piadas e prescrições gramaticais, contribuem para o *status* de planejamento[4] ou para diferenciar estereótipos de marcadores ou indicadores.[5] As correções e o reparos e autorreparos podem dar pistas também sobre o nível de consciência de certa variante.[6] Na fala, erramos, e muito. E usamos diferentes estratégias de reparo ao erro: no início ou no estágio de conceituação da produção linguística, quando achamos nosso discurso inadequado, começa a enunciação novamente. Na fase de formulação ou estágio de articulação, não iniciamos novamente, mas reparamos a sentença em parte. A observação de reparos – especificamente na situação de leitura em voz alta – da realização de traços sociolinguísticos variáveis pode dar pistas de consciência sociolinguística do falante e da avaliação social de uma variável, contribuindo para o desvelamento de quais fenômenos variáveis são percebidos. A variação linguística se manifesta nas situações de produção linguística, inclusive em situações de maior monitoramento, como na leitura em voz alta, um estilo de atenção à fala altamente monitorado. Assim, fenômenos variáveis que passam da fala para a leitura não são socialmente estigmatizados, indicando percepção e reconhecimento da variação, nos termos de Squires;[7] por outro lado, o reparo de uma realização variável nos dá pistas da compreensão em direção à avaliação social do fenômeno e à consciência sociolinguística do falante.[8]

Estudos de percepção

Em estudos de percepção, são utilizadas técnicas diretas, em que abordamos diretamente as pessoas sobre a questão perguntando o que pensam, o que acham e a que associam determinado traço da língua. Diferentes instrumentos podem ser utilizados para isso, desde a técnica de entrevistas com perguntas semidirigidas sobre o tema até instrumentos e escalas objetivas para medir reações subjetivas.[9]

Apesar de ser uma das técnicas mais rápidas e com potencial de atingir grande número de participantes, possibilitando generalizações, um ponto negativo dessa abordagem é o fato de as pessoas se policiarem, mantendo-se dentro das respostas socialmente desejáveis. Outra abordagem é a que se vale de técnicas indiretas, com estratégias de pesquisa encoberta, em que se pede à pessoa que realize uma tarefa sem alertá-la que o objeto manipulado é um traço linguístico, com o objetivo de verificar a sua reação.[10] Por exemplo, a mesma pessoa pode gravar duas vezes uma mesma fala com um pedido de emprego, mas, em uma das gravações, realizar os traços de aspiração e, na outra gravação, realizar todos os R como retroflexos. Depois, pode-se pedir às pessoas que decidam para quem dariam o emprego. Subjacente à escolha, está o juízo de valor associado aos traços linguísticos manipulados, assim como o modo como a pessoa que está julgando fala. Abordagens experimentais como essa, conhecida como monitor sociolinguístico, são mais operacionalmente complexas, pois envolvem a elaboração de situações experimentais balanceadas, para evitar que outras variáveis interfiram no julgamento, além de envolver situações eticamente sensíveis (expor a pessoa a uma situação cujo resultado é a expressão de preconceito). Outro conjunto de abordagens é o das pesquisas que observam o tratamento societal: como aquele traço linguístico circula nas mídias e no planejamento linguístico de dada comunidade? Essas pistas só aparecem em traços linguísticos que estão no limite da consciência, o que também limita o escopo da abordagem. A combinação de abordagens direta, indireta e societal tem potencial de desvelar a constituição identitária de traços da língua.[11]

Resultados de estudos de percepção também contribuem, tanto em termos dos padrões de consciência da comunidade, mostrando as direções de avaliação compartilhadas entre as pessoas, quanto no nível individual, com crenças e autopercepção. É possível também fazer uso de pistas da ideologia linguística, com dados societais que configurem atitudes em relação à língua, como memes e piadas e prescrições explícitas.

Limitações de estudos de produção e percepção

Sabemos que a sociolinguística é definida como o campo de estudos do uso da língua em seu contexto social. As pessoas estão imersas em língua, e, por isso, estão imersas em variação. Há diferentes tipos de variação, desde aquelas que não chamam a atenção, até as que não só chamam a atenção, mas também são alvo de manipulação consciente. Essa é a premissa de enquadramento das variáveis em níveis de apreciação social, que costuma ser inferida a partir de pistas observacionais de estudos descritivos, baseada na frequência de uso da variável, associada a índices sociais, que podem ser amplos e generalizados, como escolarização, faixa etária, classe de renda, identidade de gênero, ou mais específicos e locais, como querer pertencer à comunidade ou não.

E, quando procuramos associações, sempre vamos achar alguma coisa, mesmo quando não faz muito sentido. São as chamadas correlações espúrias. Na sociolinguística, encontramos muitos resultados de associação entre variáveis cujas explicações não casam muito bem. Uma delas é o gênero.[12]

Os dados para estudos sociolinguísticos de produção provêm de coletas que utilizam a técnica de entrevista sociolinguística, dando pouco relevo ao papel da pessoa que está entrevistando. A mudança de estilo dentro da entrevista é induzida pelo gatilho do roteiro, com assuntos de maior envolvimento, para fazer emergir a fala vernacular e minimizar efeitos do paradoxo do observador.[13] Nas associações estabelecidas a partir da observação da frequência da variável, não se considera a expectativa do ouvinte quanto à realização.

Na observação da frequência, pouco sabemos sobre o que está passando na cabeça dos falantes, quais são seus pensamentos e suas preocupações em segundo plano, que, não necessariamente, envolvem o cuidado na escolha de uma ou outra variante da nossa variável-alvo. Sem falar na competição por demanda de atenção do contexto. Uma coisa é a situação de fala em um ambiente conhecido; outra é em um ambiente novo, cujo mapeamento também demanda atenção. A competição por demanda de atenção pode influenciar na realização da variável-alvo. Mas não é uma medida de associação considerada nos estudos sociolinguísticos. Até porque é bem difícil de se fazer isso.

Por isso, precisamos retomar as premissas iniciais e fazer uma revisão. Não necessariamente realizamos a pesquisa que queremos, mas a que conseguimos. E, para conseguirmos fazer a pesquisa, precisamos recortar, limpar o terreno. Nessa limpeza de terreno, podemos perder informações importantes para entender o processamento da variação linguística (as hesitações e pausas, por exemplo).

Como pudemos observar, são as limitações da metodologia a ser empregada que definem o que será objeto de análise variacionista: a seleção de um traço do sistema e a sua associação com categorias sociais, que resultam no padrão de comportamento de um traço do sistema, em um contexto padronizado, sem acesso às expectativas (tanto de quem fala como de quem ouve) e com a inferência do nível de consciência a partir da distribuição da variável em função de gatilhos de atenção à fala.

O recorte decorrente das limitações dos recursos metodológicos tem implicações no poder explanatório efetivo do campo: em vez de ser o uso da língua no contexto social, seria mais apropriado dizer que é o comportamento de um traço da língua.

O resultado são estudos do comportamento de traços isolados, não da gramática da comunidade, com raros estudos de covariação. Assim, temos a descrição de um perfil de fala, considerando-se um perfil de ouvinte em um perfil de situação social. Em estudos de produção, pistas do processamento são considerados dados espúrios e costumam ser ignorados nas análises para eliminar a suposta agramaticalidade da fala. No entanto autorreparos, repetições, abandonos e pausas podem dar pistas do que está acontecendo acerca do nível de consciência das variantes.

A abordagem da sociolinguística tem suas limitações. Mas é um caminho de mais de 60 anos trilhado. Hoje podemos ver com clareza essas limitações. O mesmo deve acontecer na psicolinguística. O caminho de pesquisa de interface para o estudo do processamento da variação linguística é navegar por águas misteriosas e desafiadoras.

ESTUDOS DE PROCESSAMENTO

O que acontece no processamento? Como diferenças formais entre as variantes afetam a compreensão? Quando as variantes são notadas? O quão diferentes as variantes notadas são? São as formas mais difíceis de processar? O processamento sociolinguístico é uma área relativamente inexplorada, e apenas padrões descritivos, do observável e mensurável na superfície, baseados nas frequências empíricas, não são suficientes.

Para saber como processamos a variação, teríamos que entrar na cabeça de cada falante para saber como isso acontece. Podemos tentar medir ondas do cérebro, mas esse é um procedimento artificial, e se choca com os princípios da sociolinguística de espontaneidade da fala. Por isso, tentamos nos valer de pistas indiretas de como isso acontece, medindo, por exemplo, respostas emocionais e esforço de processamento. Na verdade, estamos enfrentando um problema semelhante ao de Arquimedes e a coroa de ouro. Como saber se a coroa era realmente de ouro sem derretê-la pode ser uma pergunta equivalente a como saber os níveis de consciência da variação sem entrar na mente da pessoa. Podemos nos inspirar na eureca de Arquimedes, mais especificamente nos níveis de flutuabilidade, que seriam equivalentes aos níveis de consciência.

Existem vários desafios nesse tipo de estudo, desde encontrar o lugar do processamento da variação em uma teoria de língua até transpor os efeitos da variação linguística para o processamento das línguas naturais. Se podemos dizer alguma coisa sobre a frequência de alguns fenômenos variáveis a partir de resultados descritivos de estudos sociolinguísticos observacionais e experimentais, pouco ainda sabemos sobre o que acontece durante o processamento. Precisamos desvelar o conhecimento gramatical ativo, consciente e explícito do conhecimento passivo, inconsciente e implícito.

Além dos métodos clássicos da sociolinguística, como a documentação em entrevistas sociolinguísticas para medir a frequência de uso das variantes linguísticas, e tarefas de reação subjetiva e julgamento de variantes, presentes desde os primeiros estudos nos anos 1960, o avanço e a democratização da tecnologia permitem ampliar o poder explanatório e contribuir com informações sobre o modo como as variantes são processadas, como estudos com rastreamento ocular, tempo de reação, potenciais elétricos evocados, resposta galvânica, expressões faciais, dentre outras estratégias a serem ilustradas, com estudos atuais, no português e em outras línguas. Esses recursos nos permitem mensurar biomarcadores sociolinguísticos: medidas fisiológicas individuais que se modificam em resposta a um estímulo linguístico de natureza sociolinguística. Antes, precisamos nos familiarizar com a terminologia desse tipo de abordagem.

Um tipo de medida fisiológica que pode ser usada nessa abordagem é a resposta galvânica da pele, mais especificamente, a da atividade elétrica das glândulas que produzem suor nas palmas das mãos e pontas dos dedos, mais sensíveis às emoções. Mesmo mudanças de estado emocional mínimas levam a uma produção de suor, imperceptível sem uma aferição, mas que podem ser resultado de uma reação à exposição a uma variante linguística. Há muito tempo se sabe da relação entre o movimento ocular e atividade cognitiva, mais especificamente, o tamanho da pupila pode ser considerado como medida do esforço cognitivo da tarefa desempenhada: quanto maior for a complexidade da tarefa cognitiva desempenhada, maior será a dilatação da pupila. Quando uma pessoa é exposta a uma variante inesperada para dado contexto, a resposta emocional pode ser mensurada pela dilação da pupila.

Um outro aspecto que é importante explicar para o estudo do processamento é a diferença entre medidas off-line e on-line. Medidas off-line referem-se ao resultado do processamento linguístico como tarefas de julgamento. Medidas on-line referem-se ao processamento enquanto acontece: por métodos diretos, medem-se uma resposta fisiológica a um estímulo particular, como com *eyetracker* para a pupilometria. E, por métodos indiretos, medem uma resposta comportamental, por meio da qual podemos fazer inferências sobre o processamento subjacente, como o tempo de resposta, o tempo demandado entre o estímulo e a execução de uma tarefa. Quanto maior a demanda de tempo, maior é o esforço envolvido na tarefa.

Biomarcadores sociolinguísticos e medidas on-line contribuem para a compreensão dos mecanismos cognitivos pelos quais a variação sociolinguística é processada. Quando ouvimos uma variante linguística distinta do nosso repertório, ativamos, mesmo que inconscientemente, preconceitos ou estereótipos linguísticos sobre aquela variedade. Fisiologicamente, processos cognitivos ativados pelo gatilho do traço linguístico, ainda que controlados conscientemente, deixam pistas: dilatação da pupila, gestos faciais. Biomarcadores sociolinguísticos dão pistas diretas e indiretas para acessar o conhecimento sociolinguístico de cada pessoa.

Enquanto a sociolinguística de produção e percepção lida com padrões da comunidade, mas medidos no indivíduo, estudos de processamento são necessariamente no nível individual, considerando as dimensões das variações intra e interindividual.

Em resumo, estudos do processamento têm como objetivo identificar o custo cognitivo do processamento de uma variante, no nível individual, por meio de efeitos fisiológicos da variação, medido por esforço de processamento e respostas emocionais. Para isso, se faz uso de medidas on-line e biomarcadores sociolinguísticos.

ABORDAGENS OBSERVACIONAIS E EXPERIMENTAIS PARA O PROCESSAMENTO

Como vimos, resultados de estudos de produção, considerando-se a relação entre a frequência *type/token*, permitem identificar quem fala e em que lugares, assim como verificar a sensibilidade estilística, separando indicadores de marcadores. Ainda ponderando-se a produção, dados societais, como memes, piadas e prescrições gramaticais, contribuem para desvelar o *status* de uma variante, ou para diferenciar estereótipos de marcadores ou indicadores. As correções, os reparos e os autorreparos também podem dar pistas sobre o nível de consciência de certa variante.

Mas nem sempre as pistas do processamento são do nível linguístico; os recursos corporificados (ou pistas paralinguísticas), como expressões faciais, olhar (direção, duração), o riso e os gestos (ilustradores e emblemáticos), também contribuem para a expressão dos julgamentos sociais das variantes de uma variável linguística.[14] O controle das pistas prosódicas contribui para evidências mais objetivas na desambiguização de valores pragmáticos e com a inclusão de gestos faciais.

A capacidade humana é limitada para o processamento da informação, o que leva à atenção seletiva, demandando tempo e esforço e resultando em processamento controlado *versus* automático. Processos controlados demandam atenção focalizada; processos automáticos, atenção difusa. Há também efeito de consciência e controle: o processamento automático não requer controle de consciência, enquanto o processamento controlado, sim. Um processo automático não é intencional, ocorre espontaneamente, de maneira rápida, não consciente e implícita. Já um processo controlado é intencional, demanda esforço cognitivo e tempo, além de ser explícito e consciente. Processos automáticos são difíceis de modificar; por outro lado, processos controlados podem ser flexibilizados, em circunstâncias variáveis. Por isso, uma abordagem no campo da psicologia cognitivo-social é a dissociação de processos de modo a poder identificar processos controlados e automáticos, com testes de medidas implícitas e explícitas.[15] Para processos automáticos, são empregadas tarefas de medidas automáticas, ou implícitas, como tarefas que consideram o tempo de reação.[16] Medidas fisiológicas também podem dar pistas de processos automáticos, como eletrocardiograma (frequência cardíaca), nível de cortisol (hormônio do estresse), e a ressonância magnética e eletroencefalograma (atividade cerebral). Essas medidas são invasivas, mas podemos utilizar outras medidas de atenção, como os movimentos oculares e a identificação de expressões faciais, que não dependem de técnica invasiva como os anteriores.

Já para processos controlados são empregadas tarefas de medidas explícitas e controladas, como o *self-report*, medidas de atitude por meio de questionários e entrevistas, como comportamentos explícitos sobre o que dizer, como agir, quem escolher, em que o participante é capaz de deliberar e controlar as suas respostas. Em testes de atitude explícita, participantes são expostos a estímulos linguísticos (frases, em paradigma visual ou auditivo), decidem como se sentem sobre o conteúdo e formulam suas respostas em uma escala numérica. Já em testes de atitude implícita, como o de *priming* afetivo, participantes são expostos a um estímulo visual ou textual rapidamente como *priming*, que é seguido por uma palavra agradável ou desagradável e classificam a palavra em uma escala de binária de polaridade positiva ou negativa.[17]

As pessoas podem controlar suas respostas em um questionário mais facilmente do que podem controlar seus tempos de reação em testes implícitos. Há diferença também na concretude dos itens que os participantes avaliam, as formas como os objetos de atitude são representados, se evocam paradigmas visuais, com imagens, ou linguísticos, como frases, a complexidade das tarefas, a métrica (por exemplo, escalas de Likert *versus* tempos de reação) e a sensibilidade à frequência, como no monitor sociolinguístico (tarefa que vamos explorar mais à frente), e demandam o acionamento de esquemas, estruturas mentais que representam o conhecimento sobre um conceito ou tipo de estímulo, muitas vezes incluem atributos e a relação entre estes.

Em abordagens experimentais, podem ser elaboradas tarefas para o estabelecimento de uma escala de sensibilidade aos traços sociolinguísticos, tendo em vista o estudo do processamento. As pessoas participantes atuam como juízes de um conjuntos de estímulos, preparados de acordo com as condições a serem testadas dentro de um desenho experimental. Este diz respeito ao modo como estímulos são apresentados às pessoas que participarão da tarefa e também como as respostas serão medidas e os dados coletados serão analisados, com o objetivo de estabelecer relações causais.

A primeira decisão é definir as variáveis. Uma variável independente, que é a variável a ser manipulada na tarefa, por exemplo (variante 1 e variante 2 de uma variável sociolinguística). A variável dependente é a resposta medida. Geralmente, na psicolinguística, se trabalha com grupos distintos, um que recebe a variante manipulada como variável independente, e outro que recebe a variável não manipulada, em uma abordagem que é conhecida como caso-controle. Os resultados são comparados posteriormente, para verificar se há relação causal entre a manipulação e as respostas. No entanto, em abordagens sociolinguísticas, o mesmo grupo pode receber as duas condições, com a análise de resultado separada posteriormente.

As tarefas costumam ser realizadas em computador ou tablet, por meio de um *software* que registre o tempo de resposta e a decisão. Existem vários *softwares* que possibilitam esse registro, desde proprietários até os de licença aberta. Do mesmo modo, há plataformas on-line que possibilitam a configuração de tarefas.[18] Além de medir a resposta e o tempo de resposta, *softwares* e plataformas randomizam a distribuição dos estímulos, evitando vieses.

Vejamos alguns exemplos de tarefas:

- tarefas de discriminação de formas: visam identificar se a pessoa é capaz de perceber diferenças entre pares de palavras, como realizações fonéticas de um fonema (pares mínimos), mas que podem ser expandidos para os níveis gramaticais mais altos;
- tarefas de discriminação: envolvem a exposição a um estímulo auditivo e sua demanda de esforço cognitivo;

- tarefas de identificação: visam testar como a informação social afeta o modo como usos linguísticos são percebidos. As pessoas ouvem um estímulo e então são convidadas a realizar identificações sobre o perfil social de quem está falando (por exemplo, sua profissão, sua região de residência, seu grau de instrução etc.). Vários estudos têm demostrado que conhecimento prévio sobre as informações sociais associadas aos estímulos afetam a categorização, medida em termos de tempo de reação (quanto mais rápida a associação, mais automática).

Existem vários outros tipos de tarefa experimentais para a sociolinguística, e o livro *Experimental Research Methods in Sociolinguistics*, de Katie Drager, trata especificamente de tarefas, apresentando detalhadamente todos os procedimentos para a execução delas.[19] O nosso foco aqui são as tarefas que, de alguma forma, podem dar pistas de processamento.

Decisão lexical

Uma variante é palavra ou não? Uma tarefa de decisão lexical, com cinco variáveis sociolinguísticas, monotongação (decrescente e crescente), desnasalização de ditongo nasal átono final e palatalização de oclusivas alveolares (ambientes progressivo e regressivo), pode ajudar nessa questão e dar pistas do processamento.[20]

Para cada uma das variáveis, a variante que tinha maior frequência de uso foi considerada a variante-padrão e a com menor frequência, não padrão, a partir de resultados sociolinguísticos anteriores, que também sinalizaram a avaliação social de cada uma das variáveis segundo a escala de apreciação social de Labov. A figura a seguir ilustra as variáveis, as variantes e a apreciação social.

Apreciação social baseada em frequências

Processo	Exemplo	Padrão na comunidade		Ocorrência		Tipo de avaliação
		- monitorado	+ monitorado	dialetal	social	
Monotongação -ow	cenoura	cen/ow/ra *nunca*	*frequente*	não	não	Indicador
		cen/o_/ra *sempre*	*às vezes*			
Monotongação -aj, -ej	caixa	c/aj/xa *às vezes*	*frequente*	não	não	Indicador
		c/a_/xa *frequente*	*às vezes*			
Palatização regressiva	vestido	ves/t/ido *frequente*	*frequente*	sim	não	Marcador
		ves/tʃ/ido *às vezes*	*às vezes*			
Desnazalização ditongo final átono	vagem	vag/eN/ *frequente*	*sempre*	não	sim	Estereótipo
		vag/e_/ *às vezes*	*raro*			
Palatização progressiva	oito	oi/t/o *frequente*	*sempre*	sim	sim	Estereótipo
		oi/tʃ/o *às vezes*	*raro*			

Para cada variável, foram escolhidas seis palavras, gravadas por uma única locutora, nas variantes-padrão e não padrão, totalizando 60 estímulos do conjunto-alvo. Além destes, foram gravados, pela mesma locutora, o equivalente à quantidade de estímulos distratores (palavras sem ocorrência das variáveis-alvo) e pseudopalavras, para ter o valor de base do que não é considerado palavra. A tarefa foi configurada no *OpenSesame*[21] e distribuída para acesso remoto. As medidas controladas foram tempo de resposta e tipo da decisão.

Palavras sujeitas aos fenômenos-alvo recebem mais julgamentos de não palavra do que palavras não afetadas pelos fenômenos. Variantes do tipo estereótipo negativo e marcador são significativamente associadas à não palavra, enquanto variantes do tipo indicador e estereótipo positivo não apresentam essa relação.

O tempo de decisão lexical positiva e negativa é estatisticamente significativo, também com diferenças no julgamento de variantes do tipo estereótipo negativo e marcador. Os resultados apontaram que variantes avaliadas negativamente foram mais frequentemente categorizadas como "não palavras", enquanto estereótipos positivos ou variantes sem saliência não apresentaram diferenças significativas nas decisões lexicais. Variantes estigmatizadas demandaram maior tempo de resposta, sugerindo que o processamento de variação linguística, em variantes-alvo de avaliação social, é mais custoso cognitivamente. Os resultados reforçam a hipótese de que variantes não padrão ou estigmatizadas são mais custosas em termos de processamento, alinhando-se a estudos anteriores sobre o processamento de variação em outras línguas.[22]

Monitor sociolinguístico

Já sabemos que a frequência de uso é um fator explanatório na sociolinguística, e frequência e saliência estão conectadas em algumas situações. Mas a frequência costuma ser observada como resultado. Uma abordagem processual dela é a que considera a granularidade da situação: quanto de exposição à frequência é necessário para interferir no processamento da variação linguística? Essa é a premissa do monitor sociolinguístico: um tipo de tarefa experimental que considera a frequência e quanto os ouvintes são sensíveis às diferenças de frequência de uma variante que acontece no cotidiano.

O piloto da abordagem foi proposto por William Labov e seus colaboradores, inicialmente para o -ing do inglês norte-americano,[23] mas tem sido testado em outras variedades do inglês e de outras línguas.[24] A realização de -ing em *coming*, *talking*, *something* como velar (ɪŋ) ou, ou alveolar (in) é um traço socialmente saliente no inglês americano, com comportamento estratificado e estável. Reunindo evidências de estudos de produção, as frequências sugerem que a realização velar é a variante tida como padrão e a alveolar, como não padrão; e esse comportamento é estável nos Estados Unidos. A realização velar está associada a estilos de maior monitoramento, como na leitura e na fala monitorada, a pessoas mais velhas e de classes sociais mais altas. É alvo de reflexão consciente ("enrole o 'g'"), sinalizando para uma variável do tipo estereótipo, e aberta e sistematicamente associado à educação. Em um estudo de associação implícita, a realização velar é associada aos atributos de inteligência, formalidade e articulação.[25] Essas evidências provêm de estudos que consideram as frequências como resultado. A exposição à variação linguística é, no entanto, um processo. Para captar a nuança processual e verificar quanto as pessoas são sensíveis às diferenças quantitativas observadas para uma variável, o constructo considera três propriedades:

- a propriedade de janela temporal: em que período de tempo os ouvintes monitoram a variação sociolinguística?
- a sensibilidade: qual é a diferença mínima perceptível nas frequências que é detectada?
- o padrão de resposta: qual é o impacto de sucessivas repetições da variável ao longo do tempo dentro da janela temporal?

As técnicas experimentais permitem observar efeitos do monitor sociolinguístico em tempo real e sua variabilidade na população por idade, classe social, escolaridade ou gênero. Para isso, Labov e seus colaboradores elaboraram uma tarefa encoberta para verificar se as pessoas podem discriminar e avaliar os níveis de variação.

Foi criada uma situação de treino de leitura de manchetes jornalísticas: frases curtas, lidas como se fossem manchetes de um programa jornalístico de rádio. Essas manchetes foram construídas com o contexto da variável, e as variantes eram alternadas, de modo a obter diferentes gradações de -ing entre as realizações velar e alveolar: 100% /in/ | 70% /in/ e 30% /ɪŋ/ | 50% /in/ e 50% /ɪŋ/ | 30% /in/, 70% /ɪŋ/ | 100% /ɪŋ/. As pessoas convidadas a participar da tarefa eram informadas que avaliariam uma candidata à locutora de rádio que havia feito treinos de manchetes; para cada sequência de treino, deveriam avaliar o seu grau de profissionalismo.

Os resultados mostraram que as pessoas são sensíveis às regras sociolinguísticas que regem a variação de -ing e conseguem discriminar diferenças de frequência tão pequenas quanto 20%. Quando as frequências da variante-padrão aumentam, o efeito aumento da nota de julgamento se estabiliza.[26] Ou seja, o aumento da frequência da variante-padrão não melhora a nota de julgamento, mas a ocorrência, por menor que seja, da variante não padrão afeta negativamente a nota de julgamento do profissionalismo nessa tarefa.

No português brasileiro, o processo de palatalização é um fenômeno viável para a elaboração de uma tarefa do tipo monitor sociolinguístico. Existem duas realizações para /t/ e /d/ em dois contextos diferentes:

1. realizações oclusivas, como em "medida" e "batida";
2. realizações palatais, como "medʒida" e "batʃida". Nesse contexto, a vogal seguinte /i/ é o gatilho do processo de palatalização, por isso é chamado de palatalização regressiva.

Outro contexto na qual pode ocorrer a palatalização é quando o glide /y/ antecede /t/ e /d/, e que também pode ter duas realizações:

1. oclusivas, como "peito" e "doido";
2. palatais, como "petʃo" e "dodʒo". Esse contexto é chamado de palatalização progressiva.

A palatalização regressiva é um fenômeno variável, e há regiões onde a variação nos dois contextos de palatalização coocorre, mas com diferentes significados sociais.

Em Sergipe, temos documentação desse processo variável e, quanto à frequência, identificamos um processo de mudança em andamento com o incremento da frequência da variante palatal no contexto regressivo, impulsionada pelo uso por pessoas mais escolarizadas, mais jovens e residentes em região urbana. Por outro lado, o contexto progressivo apresenta uma redução na frequência da variante palatal, que é mais usada por pessoas menos escolarizadas, mais velhas e residentes em regiões não urbanas.

Por que um aumenta e outro diminui, se o processo é o mesmo, o que muda é apenas o gatilho se é antes da consoante ou depois? Encontramos pistas que podem explicar essa diferença no planejamento: a palatalização é um processo que aparece em gramáticas prescritivas, que são instrumentos linguísticos, com valorização da palatalização em contexto regressivo, associada ao falar de prestígio: "Em português, [ts] é apenas 'outra pronúncia', isto é, um alofone do fonema /t/, usual em certas áreas do Brasil, como o Rio de Janeiro, quando /t/ precede /i/, oral ou nasal.",[27] "As linguodentais /t/ e /d/ seguidas de /i/ podem palatalizar-se: tinta e digna podem soar /txinta/ e /djigno/. Evite-se o exagero dessas palatalizações."[28]

Outras pistas da saliência decorrem do fato de que o contexto progressivo é suscetível de reparos, e é objeto de memes e piadas, o que não ocorre com o contexto regressivo (pelo menos em Sergipe). O processo de palatalização regressiva tem levado à variação entre "tia" ~ "tʃia" e "dia" ~ "dʒia" em Sergipe, com a variante oclusiva como predominante e caracterizadora da comunidade, e a variante palatal está em processo de implementação, liderada por mulheres, mais escolarizadas e da capital. A variante é reconhecida conscientemente como externa à comunidade, como fica evidente em comentários metalinguísticos, mas não é avaliada negativamente. Por outro lado, o processo de palatalização progressiva, com "oito" ~ "oitʃo" e "doido" ~ "doidʒo" tem seguido a direção contrária, com a variante palatal em processo de desuso, restrita a homens, mais velhos, menos escolarizados e do interior. Por esse padrão de distribuição, considerando as escalas de apreciação social e a associação entre variáveis, a palatalização progressiva tem um comportamento de estereótipo negativo e a palatalização regressiva, estereótipo positivo.

Uma replicação do experimento do monitor sociolinguístico foi realizada com participantes (n = 304) da comunidade de fala sergipana, estratificados quanto à escolarização e à região de residência.[29] A situação desenvolvida para a tarefa experimental foi a avaliação de treinos de uma candidata à locutora de um programa jornalístico de saúde, com manchetes elaboradas para conter as variantes-alvo, em diferentes proporções, e com o travamento de outros traços variáveis que potencialmente pudessem interferir no julgamento.

Depois de gravados, o conjunto de estímulos foi configurado com a randomização duas realizações (palatal e oclusiva), produzindo cinco conjuntos de manchetes de um programa sobre vida saudável, com um gradiente de palatalização que ia de nenhuma (0%) a todas (100%), seguindo o que foi feito para o -ing no inglês. A situação de avaliação consistia em ouvir os treinos de locução de uma candidata a uma vaga em uma emissora de rádio, atribuindo nota de 1 a 7 para cada um dos cinco conjuntos, em duas rodadas (uma para palatalização regressiva e outra para a palatalização progressiva), considerando-se o profissionalismo da candidata.

Os resultados mostram que a diferença de frequências da variante palatal da palatalização regressiva não interfere no julgamento, já uma única ocorrência de variante palatal na palatalização progressiva pode mudar substancialmente o julgamento.

Assim como no estudo original, as pessoas se mostraram sensíveis às regras sociolinguísticas que regem a variação na palatalização progressiva, mudando o seu julgamento diante da discriminação de diferenças de frequência tão pequenas quanto 20%.

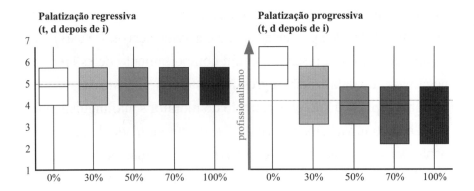

A variável dependente off-line desse estudo foi a nota do julgamento. Adicionamos o controle de uma variável dependente on-line: quanto tempo as pessoas demoraram até registrar a nota. Em contextos de palatalização regressiva, o tempo médio de reação para classificar as realizações foi de 3,416 milissegundos, enquanto, em contextos progressivos, o tempo médio de reação foi de 2,216 milissegundos. Ou seja, as pessoas levaram mais tempo para classificar a realização palatal em contextos regressivos, que foram mais bem avaliados, do que em contextos progressivos, em que as classificações foram concluídas mais rapidamente.

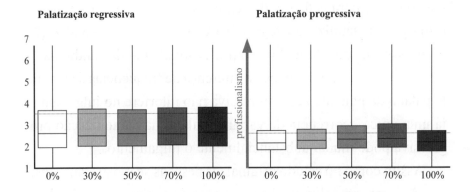

Falantes fazem diferentes avaliações conscientes e inconscientes sobre variedades linguísticas, tanto variedades dialetais quanto variedades com interferência de outra língua, como resultado da sua consciência sociolinguística. A percepção e a experiência linguística das pessoas modelam a sua consciência sociolinguística; por isso, a compreensão dos mecanismos cognitivos pelos quais a variação sociolinguística é processada, especialmente as ligações entre os diferentes níveis da gramática e informações sociais, é importante para desvelar os processos de como a norma é codificada.

Diferentes grupos têm experiências linguísticas diversas e, portanto, consciências sociolinguísticas diferentes. O monitor sociolinguístico, com o controle do tempo de resposta, é uma estratégia metodológica para possibilitar uma abordagem integrativa da produção, percepção e processamento. A ampliação para outros fenômenos permite a validação do protocolo e a ampliação do seu poder explanatório. No entanto, nem sempre a apreciação social implica sensibilidade ou saliência.

O que dói no ouvido mexe os olhos?

Dizem que o que os olhos não veem, o coração não sente. Mas será que o que dói nos ouvidos mexe os nossos olhos? Uma maneira de tentar ver efeito de esforço de processamento pode ser por meio de rastreamento ocular.[30] Mas entre medir o movimento dos olhos e inferir esforço de processamento que possa sinalizar algum efeito de resposta emocional à variação linguística existe uma construção a ser feita. Para esse tipo de abordagem, precisamos identificar um fenômeno variável em que a apreciação social e a saliência andem pareadas, em uma situação de maior sensibilidade e outra de menor sensibilidade. A palatalização é uma boa candidata.

Durante o estudo de monitor sociolinguístico, coletamos também uma amostra com 18 participantes que, enquanto atribuíam a nota de julgamento ao conjunto de tarefas do monitor sociolinguístico, tiveram seus movimentos oculares registrados. A tarefa foi executada no *software* OpenSesame, com registro dos movimentos oculares por um EyeTribe, com taxa de amostragem de 60 Hz, um aparelho de baixo custo. Os dados brutos foram analisados pelo *script* PyGaze, para computar fixações e sacadas dentro de áreas de interesse. Vários parâmetros foram medidos, mas o que apresentou resultados mais consistentes foi o registro do tamanho das pupilas das pessoas em séries temporais, em que se observava variação no tamanho da pupila à medida que elas escutavam cada um dos textos. Para a análise da pupilometria, selecionamos as duas palavras-alvo com maior diferença nas médias quanto à duração e entradas que estavam visualmente presentes no mapa de calor: "muitos" e "oito".

Os resultados da variação após 400 ms de terem escutado a palavra-alvo mostram o aumento de variações na dilatação da pupila, o que sugere uma resposta emocional.

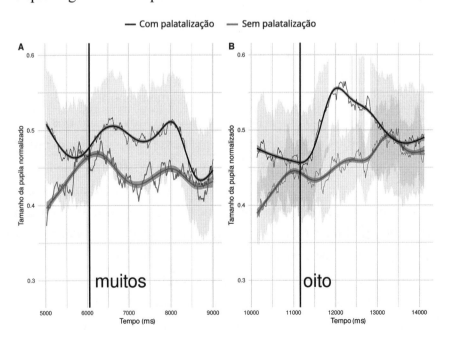

Será que dá pra dizer que o que dói o ouvido mexe os olhos? A análise exploratória dos registros de rastreio ocular mostrou que a exposição da realização à variante palatal da palatalização progressiva, como em "oito", "muitos", "respeito", "cuidado", interferiu na duração das fixações e aumentou a dilatação da pupila, o que pode ser interpretado como evidência de uma resposta emocional. Na situação experimental analisada, o que de fato observamos foi como uma forma linguística inesperada em um contexto é recebida pelos falantes, como a realização palatal em contexto de palatalização progressiva por uma universitária candidata à locutora de um programa de rádio.

Durante a realização da coleta de dados, comentários informais das pessoas que participaram da tarefa experimental destacavam juízos de valor atribuídos à locutora dos áudios, do tipo "falando desse jeito não pode ser locutora de rádio".

Nem tudo é medido com um clique

A tarefa do monitor sociolinguístico era, com um clique, atribuir uma nota de 1 a 7. As pessoas que participaram foram recrutadas em lugares públicos e eram convidadas a realizar a tarefa, colocando um fone de ouvido e respondendo no computador. Nós, recrutadores, ficávamos observando a realização das tarefas. Embora os estímulos estivessem randomizados, quando chegava o *loop* da palatalização progressiva, nós observávamos um comportamento facial sistemático nas pessoas: um riso de canto de boca, uma elevação sutil de sobrancelhas, uma expressão que nós reconhecemos e chamamos de deboche, mas que também poderia ser *Schadenfreud*: uma sensação de superioridade ao ouvir a outra pessoa usando um traço não padrão. Mesmo sem ouvirmos o áudio, sabíamos quando ocorria a variante estigmatizada só pela cara do participante. E agora, como vamos medir deboche ou *Schadenfreud*? Esse foi o mote para começarmos associar expressões faciais a julgamentos sociolinguísticos: as faces do preconceito.[31]

A premissa dessa abordagem é que variantes sociolinguísticas estigmatizadas geram respostas emocionais, e as expressões faciais dão pistas da avaliação. E esse *insight* veio da observação das pessoas que participaram da tarefa do monitor sociolinguístico. Durante a coleta, observamos que os participantes frequentemente emitiam comentários (um disse "como pode querer ser jornalista falando desse jeitcho" – e palatalização progressiva era o traço-alvo), mas, com muito mais frequência, faziam caras e bocas, mais especificamente um riso de canto de boca que reconhecemos como desdém ou deboche.

Para isso, elaboramos uma tarefa de identificação, dessa vez tendo como alvo o rotacismo, que também é bem marcado socialmente, um estereótipo negativo. Um conjunto de estímulos, com distratores e alvo distribuído variante-padrão e não padrão, foi gravado, e a tarefa experimental era identificar de quem era aquela fala quanto ao perfil profissional em uma obra. Durante a realização, além da variável dependente resposta, gravamos o vídeo da pessoa enquanto realizava a tarefa. Passamos os dados do vídeo por um *script* que marca os pontos da face e cotejamos os *frames* com um banco de dados de expressões faciais, que indicou, a cada *frame*, uma probabilidade de emoção.

Os resultados do teste, no nível consciente, mostram que, como esperado, a presença do rotacismo afeta o julgamento. Mas também deram evidências, ainda incipientes e sutis, de que existem respostas emocionais, particularmente o que o algoritmo reconheceu como "alegria".[32] Isso sugere que traços sociolinguísticos estigmatizados geram respostas emocionais, e as expressões faciais dão pistas da avaliação que é feita. Ou seja, mesmo que eu não diga nada que seja preconceituoso, minha expressão facial revela que meu julgamento não é positivo. Poderoso, não?

O rigor experimental e a espontaneidade do vernáculo

Estudos de processamento têm o potencial de contribuir para a compreensão dos mecanismos cognitivos pelos quais a variação sociolinguística é processada, de modo a explorar as ligações entre os diferentes níveis da gramática e informações sociais. Demandam, também, novos métodos de coleta de dados e de análise, além de necessidade de interface (psicolinguística, psicologia social, psicologia cognitiva, neurociências). A premissa é que, quando uma pessoa escuta uma variante linguística distinta da sua (ou mesmo quando ouve a própria produção linguística, pois nem sempre falamos aquilo em que acreditamos, uma vez que supomos falar o correto e o padrão), evoca, mesmo que inconscientemente, preconceitos ou estereótipos linguísticos sobre aquela variedade e, fisiologicamente, processos cognitivos ativados pelo gatilho do traço linguístico, ainda que controlados conscientemente, deixam pistas, como a dilatação da pupila e expressões faciais, que funcionam como biomarcadores sociolinguísticos.

Apesar das limitações, os estudos exploratórios reforçam a potencialidade do uso de biomarcadores para estabelecer parâmetros para a identificação de variáveis socialmente salientes. E a conjugação de tarefas com medidas implícitas e explícitas, assim como resultados obtidos por métodos experimentais e observacionais, pode mostrar resultados convergentes ou divergentes, o que pode apontar para a atuação de forças cognitivas implícitas, como a consciência sociolinguística, e explícitas, como o prescritivismo, ou, ainda, pela conjunção das duas.

No entanto, estudos experimentais da sociolinguística se espelham em paradigmas da psicolinguística. São dois campos que partem de premissas distintas e que levariam a resultados distintos; controle experimental da psicolinguística, ou seja, testar uma variável por vez; espontaneidade da sociolinguística, isto é, um conjunto de variáveis testadas ao mesmo tempo. A equalização do controle experimental *versus* a fluidez da língua em uso poderia ser, em princípio, um desafio a ser superado.

Além disso, temos o problema da atenção: apesar de a coleta de campo ser imersa em estímulos, estes não são considerados na identificação dos padrões de comportamento de uma variável. Já experimentos em laboratório são controlados e as distrações são limitadas ao máximo (mas ainda podem ocorrer). Experimentos autônomos, como as tarefas realizadas remotamente por computador, como acontecem com vários tipos de tarefa de percepção sociolinguística, não permitem que se controle exatamente o que acontece no contexto. Em casa, por exemplo, as distrações são múltiplas, mas não são um impeditivo para o participante colaborar com a pesquisa. Uma solução seria incluir uma pergunta de aferição do grau de atenção ao experimento que o próprio participante atribui.

A atenção e o controle também podem ser ativados pela tarefa. Outra maneira de controle da atenção é que o próprio tipo de tarefa pode já dar pistas do quanto de atenção a pessoa despende para a seleção da variável: tarefa de nomeação evoca menos consciência do padrão social da variável do que uma de repetição, que é uma situação em que o participante vai ter um estímulo auditivo alvo para avaliar e repetir (conservando ou mudando a variante). Já uma tarefa de decisão lexical mobiliza conhecimento gramatical consciente. Múltiplas tarefas com diferentes graus de atenção podem contribuir para a identificação do grau de consciência da pessoa em relação à variação. Mas qualquer tipo de teste depende da criação de estímulos. E esta é a parte mais difícil.

Enquanto nos estudos de observação a tarefa de pesquisa é identificar padrões, na experimentação, a tarefa de pesquisa envolve a criação de padrões a serem testados. Enquanto identificar padrões em um conjunto de variáveis é uma tarefa de recorte e descarte das variáveis que não são alvo de interesse, para criar padrões e ter garantia de que é aquela variável de interesse que está gerando a resposta, é preciso barrar a presença de outras variáveis.

Criar estímulos não é tarefa fácil, nem em estudos psicolinguísticos, menos ainda em estudos sociolinguísticos. A elaboração de estímulos não é tão fácil quanto pode parecer. É preciso pensar cuidadosamente nos itens para manter o mesmo padrão de prototipicidade e de custo de processamento, além de ter que barrar outros fenômenos variáveis (no português, por exemplo, os itens não podem ter sílaba terminada em R ou S, pois, como vimos com o R, há uma forte associação de origem dialetal a cada realização das variantes). E ainda precisa ser minimamente verossímil. No processo de criação de estímulos, podemos ter construções que atendem aos critérios experimentais de balanceamento, mas que não fazem nenhum sentido no contexto, tornando-se salientes em virtude do desenho metodológico e induzindo a interpretações equivocadas.

Além de pensar no alvo específico, é preciso considerar o balanceamento dos itens de estímulo para fins de processamento cognitivo: tamanho e peso (número de sílabas, padrão acentual, classe gramatical) e prototipicidade. Ainda, além do barramento de outros traços variáveis que não a variável-alvo e a verossimilhança, é preciso pensar na obtenção de dados ecológicos, o que requer o envolvimento do participante para o sucesso na tarefa. A construção de tarefas encobertas é importante para conseguir acessar juízos de valor que uma pessoa pode ter em relação à variável-alvo.[33]

Por fim, a adição de medidas de biomarcadores pode ser considerada em outras tarefas experimentais, ou mesmo durante a entrevista sociolinguística.

Notas

[1] R. M. K. Freitag; R. C. F. Cruz; T. da Cunha Nascimento, "A gramática no corpo: dos recursos corporificados na construção e negociação dos sentidos", em *Cadernos de Linguística*, ano 2, n. 1, p. e354, 2021.

[2] D. R. Preston, "The power of language regard-discrimination, classification, comprehension, and production", em *Dialectologia: revista electrònica*, pp. 9-33, 2011.

[3] J. Abraçado; M. A. Martins, *Mapeamento sociolinguístico do português brasileiro*. São Paulo, Contexto, 2015.

[4] J. Hawkey, "Developing Discussion of Language Change Into a Three-Dimensional Model of Linguistic Phenomena", em *Language and Linguistics Compass*, ano 10, n. 4, pp. 176-90, 2016.

[5] W. Labov, *Sociolinguistic Patterns*. Philadelphia: University of Pennsilvania Press, 1972.

[6] W. J. Levelt, "Monitoring and self-repair in speech", em *Cognition*, ano 14, n. 1, pp. 41-104, 1983.

[7] L. Squires, "Processing Grammatical Differences: Perceiving versus Noticing", em A. Babel (ed.), *Awareness and Control in Sociolinguistic Research*, pp. 80-103, 2016.

[8] R. M. K. Freitag, "Reparos na leitura em voz alta como pistas de consciência sociolinguística", em *DELTA: Documentação de Estudos em Linguística Teórica e Aplicada*, ano 36, n. 2, 2020.

[9] D. P. Cardoso, *Atitudes linguísticas e avaliações subjetivas de alguns dialetos brasileiros*. São Paulo, Editora Blucher, 2015.

[10] A adoção de estratégia de pesquisa encoberta devidamente aprovada por um comitê de ética em pesquisa reduz vieses não só de observação, quando as pessoas alteram seu comportamento ao saber que estão sendo observadas, mas também para evitar comportamentos socialmente desejáveis, mas que não refletem a demanda espontânea.

[11] R. M. K. Freitag, "Uso, crença e atitudes na variação na primeira pessoa do plural no Português Brasileiro", em *DELTA: Documentação de Estudos em Linguística Teórica e Aplicada*, ano 32, n. 4, 889-917, 2016.

[12] Um exemplo que ilustra é o fenômeno da assimilação do gerúndio, que tratei anteriormente, em "(Re)discutindo sexo/gênero na sociolinguística", para explicar como a variável sexo/gênero era usada como fator explanatório de maneira diferente por dois estudos com resultados estatísticos muito parecidos. Enquanto em uma amostra de São José do Rio Preto (SP), com 72% de apagamento no gerúndio, o resultado era interpretado como uma mudança em progresso e que o fenômeno estigmatizado, já que é utilizado com menor frequência por mulheres de maior escolaridade e mais velhas, em uma amostra de Fortaleza (CE), com 74,2% de apagamento. O fenômeno era considerado um caso de variação estável, com base nos resultados de escolaridade e faixa etária, mas foi considerado não tão estigmatizado, dada a alta taxa de aplicação pelas mulheres.

[13] Labov, op. cit., 1972.

[14] R. Freitag et al., "Rating linguistics features and facial expressions: an approach of variation processing", em *Cadernos de Linguística*, ano 1, n. 2, pp. 1-19, 2020.

[15] B. K. Payne, "What mistakes disclose: a process dissociation approach to automatic and controlled processes in social psychology", em *Social and Personality Psychology Compass*, ano 2, n. 2, pp. 1073-92, 2008.

[16] I. J. Saltzman; W. R. Garner, , "Reaction time as a measure of span of attention", em *The Journal of psychology*, ano 25, n. 2, pp. 227-41, 1948.

D. A. Aaker et al., "On Using Response Latency to Measure Preference", em *Journal of Marketing Research*, ano 17, n. 2, pp. 237-44, 1980.

M. Siqueira, "Falantes (não) têm consciência da variação morfossintática", em *Revista de Estudos da Linguagem,* ano 31, n. 2, pp. 578-615, 2023.

[17] A. Maass; L. Castelli; L. Arcuri, "Measuring Prejudice: Implicit versus Explicit Techniques", em *Social Identity Processes: Trends in Theory and Research*, pp. 96-116, 2000.

C. M. Brendl; A. B. Markman; C. Messner. "How do Indirect Measures of Evaluation Work? Evaluating the Inference of Prejudice in the Implicit Association Test", em *Journal of personality and social psychology*, ano 81, n. 5, p. 760, 2001.

W. A. Cunningham; K. J. Preacher; M. R. Banaji, "Implicit attitude measures: Consistency, stability, and convergent validity", em *Psychological science*, ano 12, n. 2, pp. 163-70, 2001.

N. Akrami; B. Ekehammar, "The Association Between Implicit and Explicit Prejudice: The Moderating Role of Motivation to Control Prejudiced Reactions", em *Scandinavian Journal of Psychology*, ano 46, n. 4, pp. 361-6, 2005.

[18] T. O. M. Sampaio, "A escolha de software e hardware na psicolinguística: revisão e opinião", em *Revista de Estudos da Linguagem*, ano 25, n. 3, 2017.

[19] K. Drager, "Experimental Methods in Sociolinguistics", em *Research Methods in Sociolinguistics: A Practical Guide*, London, Bloomsbury Academic Press, 2013.

[20] R. M. K. Freitag; V. R. A. Souza, "Discriminação de palavras e efeitos da variação linguística", em *Symposium in Information and Human Language Technology and Collocates Events*, SBC, pp. 345-53, 2019.

V. R. A. Souza; R. M. K. Freitag, "Efeitos da variação linguística na decisão lexical", em *Anais do XIII Simpósio Brasileiro de Tecnologia da Informação e da Linguagem Humana*, SBC, pp. 297-306, 2021.

[21] S. Mathôt et al., "OpenSesame: An Open-source, Graphical Experiment Builder for the Social Sciences", em *Behavior Research Methods*, ano 44, n. 2, 314-24, 2012.

[22] M. C. Viebahn; P. A. Luce, "Increased Exposure and Phonetic Context Help Listeners Recognize Allophonic Variants", em *Attention, Perception, Psychophysics*, ano 80, n. 6, pp. 1539-58, 2018.

Idem, "Where is the Disadvantage for Reduced Pronunciation Variants in Spoken-word Recognition? on the Neglected Role of the Decision Stage in the Processing of Word-form Variation", em *Language, Cognition and Neuroscience*, ano 35, n. 3, pp. 339-59, 2020.

[23] W. Labov et al., "Properties of the Sociolinguistic Monitor", em *Journal of Sociolinguistics*, ano 15, n. 4, pp. 431-63, 2011.

[24] Levon; Fox, op. cit., 2014.

R. M. K. Freitag, "Effects of the Linguistics Processing: Palatals in Brazilian Portuguese and the Sociolinguistic Monitor", em *University of Pennsylvania Working Papers in Linguistics*, v. 25, n. 2, p. 1-10, 2020.

A. Stecker, "Investigations of the sociolinguistic monitor and perceived gender identity", em

University of Pennsylvania Working Papers in Linguistics, em *University of Pennsylvania Working Papers in Linguistics*, v. 26, n. 2, p. 1-14, 2020.

J. Pflaeging; B. Mackay; E. Schleef, "Sociolinguistic monitoring and L2 speakers of English", em *Linguistics*, 2025, disponível em: https://doi.org/10.1515/ling-2023-0073. Acesso em: 20 abr. 2025.

A. D'Onofrio,, "Controlled and Automatic Perceptions of a Sociolinguistic Marker", em *Language Variation and Change*, ano 30, n. 2, 261-85, 2018.

[25] K. Campbell-Kibler, "Accent, (ING), and the Social Logic of Listener Perceptions". *American Speech*, ano 82, n. 1. pp. 32-64, 2007.

[26] Labov et al., op. cit., 2011, p. 437.

[27] J. C. de Azeredo, "Gramática Houaiss da Língua Portuguesa", em *Publifolha*, pp. 375, 2008.

[28] E. Bechara, *Moderna gramática portuguesa. 37. ed.*, São Paulo, Nova Fronteira, 2009, p. 70.

[29] Freitag, op. cit., 2020.

[30] R. M. K. Freitag et al., "Respostas emocionais da variação linguística: análise exploratória de rastreio ocular", em *Anais do XIII Simpósio Brasileiro de Tecnologia da Informação e da Linguagem Humana*, sbc, 2021, pp. 398-408.

[31] Idem, op. cit., 2020.

[32] O banco de expressões faciais utilizado para a identificação dos pontos é o conhecido como "banco holandês". Além das diferenças antropométricas, diferenças culturais podem ter interferido na detecção das emoções. Para refinar o resultado, foi necessário constituir o nosso próprio banco de expressões faciais.
J. Tejada, "Building and validation of a set of facial expression images to detect emotions: a transcultural study", em *Psychological Research*, ano 86, n. 6, pp. 1996-2006, 2022.

[33] Por exemplo, na tarefa do monitor sociolinguístico, que será apresentada no capítulo "Processamento da variação linguística e social", foram criados estímulos para observar o efeito da palatalização no julgamento do profissionalismo de uma candidata à locutora de rádio. Os participantes eram convidados a ouvir os treinos de uma estudante de jornalismo que estava se candidatando à locutora de um programa de saúde. Muitos participantes, depois do teste, teciam comentários do tipo: "preciso fazer mais exercícios"; "é importante fazer campanhas de alimentação saudável" etc. O disfarce funcionou.

DIVERSIDADE LINGUÍSTICA NA SOCIEDADE

> *Novamente, Pedro o negou, dessa vez com juramento: "Nem mesmo conheço esse homem!", disse ele. Pouco depois, alguns dos outros ali presentes vieram a Pedro e disseram: "Você deve ser um deles; percebemos pelo seu sotaque galileu".*
>
> (Mateus 26:72-73 VNT)

O estudo da variação linguística não se limita à análise das diferenças formais de fala, mas envolve um aprofundamento nos processos cognitivos que moldam a maneira como as pessoas percebem e reagem a essas diferenças. Em particular, a cognição social desempenha um papel crucial, pois está intrinsecamente ligada à forma como as variantes linguísticas são avaliadas, muitas vezes mediadas por estereótipos e preconceitos. Através de abordagens observacionais e experimentais, é possível desvelar os mecanismos que sustentam a formação de julgamentos sobre as línguas e suas variantes, além de explorar a capacidade humana de controlar tais preconceitos. Com abordagens de processamento, com biomarcadores sociolinguísticos, temos acesso aos preconceitos inconscientes e implícitos.

Neste capítulo, vamos ver como a consciência sociolinguística se traduz em práticas sociais em diferentes contextos, como na escola, na comunicação pública e na inteligência artificial, destacando a interação entre variação linguística e os processos cognitivos que influenciam esses espaços. Ao fim, reflexões éticas relacionadas ao uso de resultados de estudos de processamento da variação linguística em contextos sociais e tecnológicos se fazem necessárias, para que a ciência promova a equidade e o respeito pela diversidade cultural e linguística sem ferir a dignidade humana.

ESTEREÓTIPOS, PRECONCEITOS E DISCRIMINAÇÃO

A conexão entre indexação social e informação linguística em situações de variação pode ser explicada pelos constructos da psicologia social para a categorização. Preconceito, estereótipos e discriminação impactam profundamente as interações sociais, moldando percepções, atitudes e comportamentos em diferentes contextos. Apesar de terem características distintas, frequentemente operam em conjunto.

Na psicologia social, estereótipos referem-se a esquemas cognitivos generalizados (não confundir com o conceito de estereótipo na escala de apreciação de Labov),[1] ou seja, crenças amplamente compartilhadas sobre as características de um grupo de pessoas. Eles surgem do processo de categorização, no qual indivíduos são agrupados com base em atributos percebidos como comuns. Embora esse processo possa orientar interações sociais, traz sérias desvantagens, como a superestimação das diferenças entre grupos, reforçando divisões sociais, e a subestimação das diferenças dentro dos grupos, ignorando-se a diversidade entre seus membros.

Embora possam facilitar a formação rápida de impressões, os estereótipos podem levar a generalizações excessivas e distorções da realidade.[2] Por exemplo, no exterior, brasileiros costumam ser associados a um estereótipo de pessoas descontraídas, festivas e apaixonadas por futebol, enquanto as brasileiras são frequentemente reduzidas a um ideal hipersexualizado, com grande destaque para suas nádegas ("brasileira é bunda").

Há estereótipos sobre grupos sociais, bem como sobre a maneira como as pessoas falam. Isso inclui crenças generalizadas sobre características linguísticas associadas a determinados grupos, como: "falas do interior são menos sofisticados", "o inglês falado na Índia é 'errado'" ou "o 'r puxado' do sul do Brasil indica superioridade econômica". Essas ideias fazem parte de um conjunto de ideologias que nos cercam e, muitas vezes, reforçam preconceitos sociais preexistentes.

O preconceito, por sua vez, é uma atitude injustificada e, geralmente, negativa, direcionada a um grupo social e seus membros. Ele envolve três componentes principais: crenças estereotipadas (ideias generalizadas sobre um grupo, frequentemente distantes da realidade); sentimentos negativos (emoções desfavoráveis em relação a indivíduos desse grupo); e predisposição para discriminação (tendência a agir de maneira injusta ou preconceituosa).[3]

O preconceito pode ser explícito, quando as pessoas têm consciência de seus sentimentos e suas crenças, ou implícito, quando ocorre de maneira inconsciente e sutil. A língua, nesse contexto, torna-se um marcador de identidade, e a indexação social pode levar a pessoa a ser alvo de julgamentos injustos.

A discriminação, por sua vez, é o comportamento resultante do preconceito, podendo se manifestar de forma sutil ou explícita. Isso inclui a negação de promoções ou empregos a determinados grupos, insultos ou assédio baseados em características pessoais ou, até mesmo, a recusa de serviços em estabelecimentos comerciais.

O preconceito e a discriminação afetam negativamente diversas esferas sociais, como a educação, o mercado de trabalho e o acesso a serviços básicos, negando-se o pleno exercício da cidadania. Racismo e sexismo, por exemplo, coexistem frequentemente com a rejeição explícita de crenças discriminatórias, refletindo como formas mais sutis de preconceito continuam operando, muitas vezes mascaradas por normas sociais aparentemente mais inclusivas.

E o preconceito linguístico?

A forma como alguém fala pode influenciar diretamente suas oportunidades e experiências sociais, abrindo portas ou perpetuando processos de exclusão. No mercado de trabalho, por exemplo, pessoas que falam variedades não padrão da língua podem enfrentar discriminação em entrevistas de emprego ou no ambiente corporativo. Na escola, crianças que utilizam variedades não padrão podem ser estigmatizadas, o que prejudica seu desempenho acadêmico e sua autoestima. Até mesmo no atendimento de serviços públicos, indivíduos podem receber tratamento inferior com base na forma como falam.

Assim como existem preconceitos ligados a raça, gênero, idade ou habilidades físicas, há um tipo específico de preconceito direcionado à linguagem: o preconceito linguístico. Ele ocorre quando julgamos ou discriminamos pessoas com base em sua fala, seja por aspectos linguísticos, seja por paralinguísticos que indicam pertencimento a determinado grupo social.

A indexação social da informação linguística é um processo natural da variação linguística, pois a linguagem carrega marcas identitárias. No entanto, em uma sociedade desigual, essas indexações frequentemente reforçam e amplificam hierarquias sociais. Por exemplo, variedades não padrão são frequentemente vistas como "erradas" ou "menos prestigiadas". Essas atitudes ignoram um princípio fundamental da linguística: a variação é inerente às línguas e não há variedades superiores ou inferiores.

A língua reflete relações de poder.[4] A imposição de uma variedade-padrão como "superior" perpetua estruturas de dominação, manifestando-se na escolha de línguas para educação, na representação midiática e na marginalização de variedades não padrão. E essa dominação pode custar caro.

A pirâmide do ódio

Gordon Allport, um dos pioneiros da psicologia social, desenvolveu essa teoria para explicar como preconceitos aparentemente inofensivos podem escalar para formas graves de discriminação e violência. Seu trabalho foi influenciado por estudos sobre o racismo, o antissemitismo e os eventos da Segunda Guerra Mundial, incluindo o Holocausto.[5] Com o fim da guerra e com a explicitação dos horrores que ocorreram nos campos de concentração, descobriu-se que algumas das pessoas que cometeram esses crimes não eram, como seria de se esperar, pessoas sádicas, más ou horrendas. Ao contrário, eram pessoas normais, que cumprimentavam a vizinhança, passeavam com seus cães, iam à igreja. Como essas pessoas puderam executar e ser coniventes com ações tão nefastas quanto o genocídio?

Allport apresenta uma proposta que descreve a progressão do preconceito e da discriminação em uma escala crescente de severidade. A ideia é que preconceitos aparentemente inofensivos podem evoluir para formas mais extremas de ódio e violência se não forem combatidos. A pirâmide é composta por cinco níveis, organizados do menos ao mais severo:

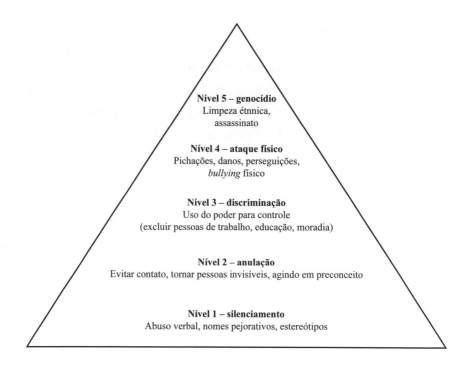

No primeiro nível, o do silenciamento, as atitudes preconceituosas se manifestam por meio de estereótipos, piadas ofensivas e discursos sutis de desvalorização, como comentários depreciativos sobre variedades linguísticas ou modos de falar. Uma piada sobre uma variante pode ser engraçada, mas também pode ser extremamente discriminatória. Por exemplo, em 2016, um médico postou em uma rede social uma foto na qual escreveu em uma receita médica: "Não existe peleumonia nem raôxis", com a legenda: "Uma imagem vale por mil palavras".[6] O segundo nível, a anulação, ocorre quando indivíduos ou grupos são socialmente excluídos com base em preconceitos, evitando-se interações com alguém por causa de sua forma de falar ou origem. Em 2014, Melissa Gurgel recebeu o título de miss Brasil. Logo em seguida, mensagens postadas em redes sociais desvelaram preconceito, com comentários como "Miss Ceará, bonita até abrir a boca e vir aquele 'sotaquezinho' sofrível"

e "Lembrem de deixar a TV no mudo quando a miss Ceará for dar a palestra dela no Miss Brasil do ano que vem", que mostram como como a fala nordestina é alvo de estereótipos negativos, associando-se o sotaque cearense a algo indesejado ou inferior.[7]

No terceiro estágio, a discriminação se torna mais evidente, resultando na negação de direitos e oportunidades, como a recusa de empregos ou promoções a pessoas que usam determinada variante linguística. O quarto nível, a violência, inclui ataques verbais, físicos ou psicológicos contra grupos marginalizados, como agressões a migrantes em razão da sua forma de falar. E, no nível mais extremo, está o extermínio, no qual o ódio sistêmico resulta em genocídios ou massacres, como a perseguição de minorias linguísticas em regimes totalitários. A progressão pela pirâmide demonstra como pequenos preconceitos podem escalar para formas severas de discriminação e violência se não forem combatidos. Atitudes discriminatórias nunca surgem de forma abrupta, mas, sim, como um processo gradual que começa com estereótipos e pode culminar em atos de violência extrema. Tudo começa com um pequeno traço.

Os xiboletes

> Porque tomaram os gileaditas aos efraimitas os vaus do Jordão; e sucedeu que, quando algum dos fugitivos de Efraim dizia: Deixai-me passar; então os gileaditas perguntavam: És tu efraimita? E dizendo ele: Não, Então lhe diziam: Dize, pois, Chibolete; porém ele dizia: Sibolete; porque não o podia pronunciar bem; então pegavam dele, e o degolavam nos vaus do Jordão; e caíram de Efraim naquele tempo quarenta e dois mil. (Juízes, 12:5-6)

O conceito de xibolete (ou *shibboleth*) tem origem bíblica e está relacionado ao preconceito linguístico. No livro de Juízes, capítulo 12, versículos 5 e 6, os gileaditas usaram a pronúncia da palavra "*shibboleth*" para identificar e diferenciar os efraimitas, que não conseguiam pronunciar /ʃ/ e diziam "sibboleth" em vez de "*shibboleth*". Essa distinção fonética serviu como critério para identificar membros de um grupo específico, resultando na morte de muitos efraimitas que não conseguiam articular o som esperado como padrão.

Além do teste bíblico, Tim McNamara cita outros casos em situações de conflitos nos quais uma variante linguística decidia a vida e a morte, a prisão e a liberdade. Na guerra civil no Sri Lanka, em julho de 1983, o domínio de uma língua foi usado como meio de identificar e atingir indivíduos do grupo étnico tâmil durante um violento conflito intergrupal com a população cingalesa. Na Holanda, no início da década de 1990, um policial localizou imigrantes ilegais, pedindo-lhes que pronunciassem a palavra holandesa "*kwartje*". Aqueles que a pronunciavam com outra variante que não a padrão eram considerados suspeitos. Mesmo em um cenário de conflito não armado como na relação entre a polícia holandesa e trabalhadores ilegais, a variação linguística foi, portanto, usada como um marcador de identidade discriminatório.

No Brasil, diferenças na pronúncia de consoantes fricativas, como o S pós-vocálico, podem atuar como xiboletes no português brasileiro, distinguindo pessoas de diferentes regiões. Mattoso Câmara Júnior utiliza o termo para explicar a diferenciação entre o falar carioca e o resto do Brasil:

> Quanto à oposição entre consoante anterior (ou seja, sibilante) e posterior (ou seja, chiante) ela cessa em proveito de uma das modalidades, conforme o dialeto regional. É um "shibboleth": entre o português do Rio de Janeiro e quase todo o resto do Brasil, bem como Portugal, e o português de São Paulo, Paraná e Rio Grande do Sul: ali se tem a chiante (surda ou sonora segundo a

posição acima comentada); aqui se tem a sibilante (também surda ou sonora nas mesmas condições).[8]

Talvez não se tenha notícia no Brasil de alguém que tenha sido morta ou deportada por falar "festa" de um jeito que não era esperado. Mas, a partir do momento que julgamos ou discriminamos pessoas com base em sua forma de falar, considerando certas variantes linguísticas como inferiores ou menos prestigiadas, esse julgamento e discriminação pode levar à exclusão social e à perda de oportunidades, como no mercado de trabalho, no qual pessoas que utilizam variedades não padrão da língua podem enfrentar discriminação em entrevistas ou no ambiente profissional. Embora seja difícil quantificar exatamente quantas pessoas perderam oportunidades de emprego em razão do uso de variantes linguísticas consideradas "erradas", é evidente que o preconceito linguístico tem um impacto significativo na vida de muitas pessoas.

E as pessoas que sofrem essas discriminações acabam se tornando conscientes disso, em um cenário de insegurança linguística. Sabendo que usar a palavra "errada" indexa a pessoa a um grupo indesejável, a saída é o automonitoramento linguístico para evitar essas palavras em contexto de maior formalidade ou exposição. E, na ânsia de tanto querer acertar, alguns podem acabar errando pelo excesso. Esse é o fenômeno que Labov chama de "hipercorreção da classe média".[9]

Com traços associados a maior ou menor prestígio, com equivalentes de grupos sociais, a classe média busca identificação com o grupo de maior prestígio. Para isso, supergeneraliza regras, gerando o efeito de hipercorreção. Alguns exemplos são "menas pessoas", com hipercorreção de concordância, "prazeiroso", "bandeija", "carangueijo", com ditongação, evitando-se a monotongação tão recorrente na fala, como em "pexe", "caxa", "cenora".[10]

O episódio bíblico do xibolete ilustra como a variação linguística pode ser utilizada deliberadamente para discriminar ou excluir indivíduos de determinados grupos sociais. Na sociolinguística, xibolete é um conceito empregado para descrever palavras ou características de fala que funcionam como marcadores de identidade, podendo servir para incluir ou excluir pessoas de certos grupos. Traços linguísticos distintivos emergem da institucionalização da língua, ajudando a construir identidades sociolinguísticas, mas também reforçando mecanismos de exclusão. A escolha de um xibolete está diretamente ligada ao poder social e à hegemonia, refletindo-se hierarquias socioculturais. Geralmente, esses marcadores envolvem diferenças linguísticas sutis, que não alteram o significado central das palavras, mas carregam forte valor social.

Assim, os xiboletes estão conectados a ideologias linguísticas e crenças sobre a relação entre língua e identidade, funcionando como fronteiras entre registros linguísticos e indicando diferenças e hierarquias entre grupos. Seu poder reside na capacidade de reduzir a complexidade da variação sociolinguística a padrões binários, como uso/não uso ou certo/errado, contribuindo para a manutenção de desigualdades sociais.

Ciclo da representatividade e estereotipia

A cognição social é um campo do conhecimento que investiga os processos cognitivos subjacentes à interação entre indivíduos e grupos. Estudos nesse campo tentam compreender por que as pessoas agem de certa maneira, considerando-se estados internos como crenças, desejos, intenções e emoções. A cognição social envolve a capacidade de reconhecer que os comportamentos são influenciados por esses estados internos, permitindo-se o engajamento social e a regulação das interações interpessoais.

Os processos de categorização social e de formação de representações são cruciais para se entender a relação entre estereotipia e representatividade. Os estereótipos emergem da necessidade cognitiva de simplificar a realidade, levando-se à criação de generalizações sobre grupos sociais. Quando essas representações são reforçadas repetidamente, podem se tornar resistentes à mudança, perpetuando-se desigualdades e exclusão social.

A relação entre memória automática, representação estereotipada e experiência subjetiva pode ser observada nas situações de discriminação e preconceito linguístico. Neste caso, a ativação de uma representação da memória pessoal a partir de um traço linguístico pode desencadear crenças sobre uma pessoa e sobre sua participação no grupo social, ativando-se as representações estereotipadas sobre as características comuns dos membros do grupo, que levam a atitudes. É por esse motivo que, quando uma pessoa ouve uma variante linguística distinta da sua, evoca, mesmo que inconscientemente, estereótipos sobre aquela variedade, que podem ou não levar ao preconceito e à discriminação.

Outro conceito importante é o de prototipia, relacionado à ideia de que as categorias mentais são organizadas em torno de protótipos, em vez de regras rígidas e definições fixas.[11] Nessa perspectiva, o mundo é categorizado a partir de exemplares centrais de uma categoria, chamados de protótipos. Um protótipo é o membro mais representativo de um grupo, aquele que melhor exemplifica suas características. Por exemplo, se você pensar na categoria aves, é mais provável que sabiá seja um representante mais aderente ao conceito de ave do que pinguim. Do mesmo modo, cachorro é mais aderente ao conceito de mamífero do que baleia. Podemos dizer que cachorro e sabiá são protótipos de mamíferos e aves. No entanto protótipos não são fixos ou absolutos, mas resultados de interações sociais e experiências individuais. Para algumas pessoas, pinguim pode ser mais prototípico do que sabiá, porque talvez não tenham a experiência de sabiá no seu repertório. A prototipia é dinâmica e baseada na frequência e na centralidade das características dentro de um grupo.

A língua desempenha um papel fundamental na construção da identidade, sendo um dos principais marcadores sociais que situam as pessoas em determinados grupos e contextos. A estereotipia linguística, nesse sentido, reforça a associação entre certas formas de falar e categorias sociais específicas, gerando efeitos identitários que influenciam tanto a percepção de quem está falando quanto a maneira como essa pessoa é vista pelos outras.

Do ponto de vista cognitivo, os efeitos de superfície que são atribuídos à saliência de uma forma linguística são decorrentes da interação entre frequência, convencionalidade e familiaridade, que levariam à prototipia e estereotipia.

A relação entre prototipia e estereotipia é importante para entendermos o ciclo vicioso da representatividade, que leva ao preconceito linguístico. A baixa representatividade de um grupo na sociedade tem por consequência uma reduzida frequência na língua, que não leva à formação de um protótipo, que redunda na não associação por frequência, e que reforça a ínfima representatividade na sociedade.

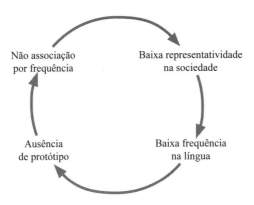

Assim, a maneira para quebrar o ciclo da representatividade é a exposição à diversidade linguística, para que as representações prototípicas sejam reconfiguradas não em função de uma variedade-padrão ou hegemônica, mas a pluralidade, de modo a estabelecer uma relação de tolerância e aceitação de diferentes variantes da língua. Em espaços de configuração de norma hegemônica, como na escola, na comunicação pública e na inteligência artificial, a exposição a diferentes variantes faz as pessoas perceberem a diversidade como algo natural e não como algo estranho ou errado. Contudo, se essa diversidade for negada ou ridicularizada, leva à criação de estereótipos linguísticos, associando-se, por exemplo, traços de variedades hegemônicas à inteligência ou sofisticação, e traços de variedades não hegemônicas a um comportamento "inferior". Essas dinâmicas refletem a importância da educação para a diversidade linguística na sociedade. O convívio com a diversidade linguística leva ao respeito e à valorização das alteridades, entendendo-se que a maneira de falar não define o valor de uma pessoa.

Os estudos do processamento da variação linguística ajudam na compreensão dos mecanismos do preconceito linguístico, mesmo aquele que não sabemos que temos (que só aparece com biomarcadores sociolinguísticos), permitindo-nos refletir sobre como categorizamos pessoas a partir de um traço linguístico e como essas atitudes moldam nossas ações.

APLICAÇÕES PRÁTICAS

Sala de aula

Vivemos tempos de intolerância. Ações extremistas, discriminação, discursos de ódio, cultura do cancelamento são efeitos de superfície da falta de empatia com a diversidade. A formação cidadã preconizada pela Lei de Diretrizes e Bases da Educação (LDB) tem sua implementação na área de linguagem por meio de direitos de aprendizagem descritos na Base Nacional Curricular Comum (BNCC), voltados para a sensibilidade à diversidade linguística. Assim, introduzir a temática da diversidade por meio da variação linguística é um bom ponto de partida para se refletir sobre as intolerâncias dos dias atuais.

O problema é que a variação linguística, quando entra no currículo da escola, muitas vezes é resumida ao português, ignorando-se que, no Brasil se falam outras línguas além do português. Isso reforça a ideologia do monolinguismo, restringindo-se ao nível lexical, apresentada como uma curiosidade, tal como aipim, mandioca e macaxeira. De vez em quando, a variação linguística é introduzida na sala de aula nos termos do que se entende na sociedade como "sotaque": a percepção das diferenças da língua no nível fonológico ou suprassegmental, e associada a características de um grupo geográfico específico. Para contextualizar a variação linguística, tirinhas ou quadrinhos apresentam as informações extralinguísticas que caracterizam o grupo, tal como ocorre com Chico Bento.

Pela perspectiva da cognição social, a língua é a expressão da construção social; é pela língua que somos categorizados no mundo.

Em uma sociedade multifacetada como a sociedade brasileira, não podemos nos levar pela categorização de que existe uma língua única. Diferentes grupos expressam suas identidades por variedades linguísticas. Historicamente, as contribuições de outras línguas foram apagadas, o que invisibiliza identidades. Uma variedade linguística que está associada a um grupo de prestígio e poder é alçada a uma modelo de referência, como se fosse a língua. E o que for diferente dessa variedade é considerado errado, feio, vulgar, enveredando para categorização de quem não tem esses traços linguísticos considerados de prestígio. O resultado é o preconceito e a discriminação. O reconhecimento de que o Brasil é multilíngue, mesmo no português que é falado há diferentes matizes, é o primeiro passo para uma política de respeito linguístico.[12]

Perceber a variação no nível fonológico é mais fácil do que nos níveis gramaticais mais altos, e isso não é apenas uma limitação para a prática pedagógica, mas, sim, para a educação linguística de toda a sociedade. Por isso, precisamos superar as limitações na abordagem pedagógica da variação linguística, primeiramente, reconhecendo que existe variação além da fonologia, na gramática, e que está, inclusive, na gramática normativa. Possibilitar a reflexão sobre a variação e estimular a sensibilidade aos contextos e aos registros é papel da aula de língua portuguesa. Os estudos de processamento da variação linguística podem prover aporte de evidências para levar à diversidade linguística como direito de aprendizagem, contribuindo-se para a educação para a diversidade linguística na sociedade.

Comunicação pública

Questões de diversidade linguística permeiam a comunicação pública em diferentes perspectivas. No debate sobre linguagem neutra, e também linguagem simples, por exemplo, um dos motes para a proposição de leis e normas (seja proibindo, seja regulamentando) é a dificuldade de compreensão.[13] Dificuldade de compreensão para quem? De qual variedade para qual variedade? Sem considerar a posição social, cultural e educacional dos grupos de pessoas, além de suas próprias referências linguísticas, a presunção de dificuldade de compreensão é difícil de ser estabelecida. A "dificuldade de compreensão" pode ser diferente para cada pessoa, e, até mesmo, a maneira como as variantes que indexam variedades de diferentes regiões do Brasil podem ser consideradas difíceis de entender por quem está imerso em outras variedades. Estudos sobre o processamento da variação linguística podem contribuir para esclarecer essas questões ao fornecer evidências empíricas que ajudem a entender como as pessoas processam e reagem à diversidade linguística em diferentes contextos. Uma pessoa que não está familiarizada com uma variedade específica pode ter mais dificuldades em compreender o discurso, não porque a linguagem é intrinsecamente difícil, mas porque a sua experiência linguística é limitada a outras variantes. Por outro lado, pessoas que compartilham a mesma variedade ou que têm experiência com ela poderão entender com mais facilidade. O estudo das diferenças entre esses grupos pode mostrar que a *dificuldade de compreensão* não é universal, mas, sim, relativa ao ponto de vista e à familiaridade das pessoas com as variantes linguísticas. E isso não está sob o escopo da regulamentação das políticas de linguagem simples.

O movimento de linguagem simples é uma abordagem que visa tornar a comunicação pública mais acessível e compreensível para uma ampla gama de pessoas, independentemente de seu nível de escolaridade, conhecimentos prévios ou experiências linguísticas.[14] Essa abordagem tem como objetivo reduzir a complexidade da linguagem, eliminando-se jargões, termos técnicos e construções sintáticas complexas, com a intenção de se tornar a mensagem mais direta, clara e fácil de entender. O perigo de se assumir que existe uma linguagem simples é o reforço aos estereótipos e a reafirmação do mito de Babel: que a diversidade linguística é um castigo e que a homogeneidade facilita a compreensão.

A premissa da homogeneidade para facilitar compreensão está presente na comunicação pública: jornalistas acreditam que o sotaque deve ser "suavizado", a fim de não interferir na compreensão das informações a serem transmitidas.[15] E não são apenas crenças: estudos de percepção mostram a associação da preferência de sotaques suavizados.[16] Se todos têm sotaque, pois essa é uma impressão que construímos pelo contraste entre variedades, como suavizar ou neutralizar? As relações de poder que regulam o mercado das línguas hierarquizam variedades, e, nesse mercado, algumas variedades são menos valorizadas do que outras. As variantes que são associadas às variedades faladas na região Nordeste do Brasil, por exemplo, são alvo desse processo de apagamento.[17]

A suavização do sotaque é uma rotina fonoaudiológica, uma terapia em que uma pessoa altera, ou tenta diminuir, as características distintivas de sua variedade linguística para se alinhar a uma variedade hegemônica ou mais próxima de outra variante linguística tida como padrão. Para o jornalismo, o apagamento das marcas está associado à ideia de que a variação linguística é uma distratora da compreensão. No entanto, não há evidências de que essa suavização de traços linguísticos identitários corresponda a maior eficiência na compreensão. Novamente, estudos de processamento da variação linguística podem prover evidências para essa questão.

Por outro lado, se um xibolete evoca julgamentos e reações sociais tão fortes, chegando a níveis extremos, como o extermínio, ou, como conta Juliette, o apagamento de variantes linguísticas que indexam grupos não hegemônicos é uma demanda de sobrevivência.

E, ao contrário das crenças e julgamentos de jornalistas, o efeito da diversidade na comunicação pública pode ser uma forma de romper o ciclo da representatividade e mudar os valores no mercado das línguas. É o que vem acontecendo com as novas gerações e o alcance do jornalismo e entretenimento descentralizados das redes de comunicação e emissoras de rádio e televisão. O acesso a conteúdos em plataformas de vídeo como o YouTube, em que a distribuição de conteúdo produzido de modo independente – e não dirigida por políticas editoriais como a da suavização de sotaques – oportuniza o contato com diferentes variedades de uma língua. E a exposição a essa diversidade leva à formação de outras relações de estereotipia, que podem causar estranhamento por não seguirem os estereótipos já estabelecidos na sociedade. É o que tem acontecido com crianças expostas a conteúdos da plataforma YouTube que passam a falar com um "sotaque estranho" (crianças de uma região do Brasil que passam a falar com traços de outra variedade),[18] ou, numa quebra na relação de hegemonia de variedades do português, quando crianças portuguesas passam a "falar brasileiro", incorporando à sua fala traços linguísticos que são do português brasileiro.[19]

Inteligência artificial

O estudo do processamento da variação linguística não só contribui para compreensão da relação entre língua e cognição, mas também tem implicações práticas para a preservação da diversidade linguística e o desenvolvimento tecnológico na área da inteligência artificial. A língua é um patrimônio coletivo que permite o acesso aos bens culturais dos povos e nações, sendo, ao mesmo tempo, um direito difuso, pertencente a todos e a ninguém. Dominar as tecnologias da língua tornou-se estratégico para a preservação e a expansão da diversidade linguística. Esse reconhecimento levou à inclusão de 55 línguas humanas em discos de ouro enviados pelas sondas Voyager 1 e 2, com o intuito de representar a riqueza da comunicação humana no espaço.[20]

O estudo da diversidade linguística e sua sistematização são fundamentais, por exemplo, para o desenvolvimento de tecnologias de tradução automática. O trabalho descritivo que organiza as regras variáveis permite avanços no processamento automático da linguagem natural, o campo de interface entre a língua e o computador. Um tradutor automático eficaz precisa se adaptar ao público, ao contexto e ao espaço-tempo. Para isso, é necessário alimentar os algoritmos com grandes volumes de dados autênticos, extraídos de amostras sociolinguísticas transcritas e anotadas. Esse processo assegura que os sistemas de tradução permaneçam atualizados e funcionais, de maneira adaptativa, refletindo a dinamicidade da linguagem e da interação social.

Mas o desafio do processamento automático da linguagem natural não é apenas com tradutores automáticos e com diversidade entre línguas; há ainda muitos gargalos para lidar variação linguística em uma mesma língua.

Em tempos de inteligência artificial generativa e modelos de língua em escala LLM, estudos de processamento da variação linguística são cruciais para o desvelamento de vieses e preconceitos reproduzidos pelos algoritmos. A diversidade linguística é um aspecto essencial na construção de modelos de linguagem. Para LLM, variedades linguísticas podem ser definidas como "uma população de textos determinada por fatores externos, como o contexto social dos indivíduos que produzem esses textos, o ambiente social em que eles são gerados e o período de tempo em que esses textos foram criados".[21]

Criamos uma inteligência artificial muito humana, que reproduz preconceitos que já existem entre nós, aumenta a assimetria entre as pessoas e tem valores éticos muito questionáveis. Se a sociedade tem preconceitos e vieses, LLMs baseados em textos produzidos por essa sociedade também vão espelhar esses preconceitos e vieses, inclusive pela língua.

Por isso é fundamental saber de quais variedades de uma língua os modelos são treinados. LLMs geralmente dependem de grande corpora de textos, mas há pouca transparência sobre como essas amostras linguísticas são coletadas e balanceadas para refletir a diversidade linguística. Isso pode resultar em representações enviesadas de certos dialetos ou estilos de fala, frequentemente favorecendo variedades-padrão ou mais comuns em detrimento de variedades regionais ou não padrão. Em um estudo sobre o desempenho de LLMs em diferentes variedades do inglês, incluindo inglês-padrão americano, o inglês-padrão britânico e oito variedades amplamente faladas, mas não padrão: inglês indiano, irlandês, jamaicano, queniano, nigeriano, escocês e singapurense, os resultados apontaram problemas significativos nas respostas dos modelos às variedades não padrão.[22] Além disso, ao tentarem reproduzir o estilo de escrita das variedades não padrão, os modelos frequentemente apresentaram textos com menor compreensão do conteúdo original. Esses problemas destacam limitações de LLMs no manejo de entradas em variedades não padrão do inglês, resultando em respostas de qualidade inferior e muitas vezes inadequadas.

LLMs são ajustados para compreender e respeitar a diversidade sociolinguística? O ajuste fino para a sensibilidade sociolinguística poderia permitir que esses modelos respondessem de maneira mais adequada a diferentes variedades e contextos sociais. No entanto, ainda há dúvidas sobre o grau em que isso é considerado nos processos de treinamento. Outra questão importante diz respeito às atitudes linguísticas que os LLMs podem reproduzir. Embora não sejam "conscientes", os modelos podem reproduzir vieses linguísticos presentes nos dados de treinamento, resultando em respostas que refletem atitudes ou estereótipos associados a certas variedades. Esse problema é agravado pela falta de transparência na coleta e no balanceamento das amostras linguísticas, o que pode reforçar preconceitos já existentes. Assim, além de desvelar a origem dos dados utilizados no treinamento dos LLMs, é preciso considerar o seu ajuste para a diversidade e a inclusão linguística. Sem essa abordagem, os LLMs correm o risco de perpetuar ou até amplificar desigualdades linguísticas.

EMBARGOS ÉTICOS E O FUTURO DOS ESTUDOS DE PROCESSAMENTO DA VARIAÇÃO LINGUÍSTICA

Para além das aplicações em linguística computacional, educação e inclusão, os avanços no processamento da variação linguística também abrem caminho para usos menos éticos e potencialmente mais invasivos, particularmente no campo da inteligência artificial e na prática forense. Essas possibilidades levantam questões fundamentais sobre privacidade, preconceito e discriminação, além de demandarem reflexões profundas sobre os limites éticos decorrentes da aplicação de resultados de estudos do processamento da variação linguística.

Uma inteligência artificial que aspire ser mais próxima do comportamento humano necessariamente precisaria lidar com os preconceitos linguísticos de forma similar aos humanos na sociedade. Como a inteligência artificial gerencia preconceito e discriminação? LLMs, ao serem expostos a dados sociolinguísticos, acabam reconhecendo e categorizando padrões que servem como "xiboletes", marcas linguísticas que identificam informações sobre a origem geográfica, o contexto social ou até mesmo a identidade de uma pessoa. É correto que a inteligência artificial utilize esses marcadores para classificar usuários?

Ainda mais preocupante é a possibilidade de a inteligência artificial inferir informações adicionais sobre as pessoas, indo além do que é explicitamente dito. Por meio de pistas decorrente de evidências de processamento da variação linguística, LLMs poderiam identificar traços subjacentes que revelem características pessoais, como emoções, intenções ou mesmo atitudes diante de determinados contextos linguísticos. Por exemplo, o modo como uma pessoa reage a um traço linguístico estigmatizado – seja por expressões faciais, seja por hesitações, seja por escolhas de palavras – poderia ser capturado e interpretado. Mas até que ponto isso é aceitável?

No contexto forense, as implicações podem ser ainda mais problemáticas. Técnicas baseadas na análise da variação linguística poderiam ser utilizadas para identificar suspeitos ou prever comportamentos, assim como para reforçar estereótipos e preconceitos sociais. A quem esses dados beneficiam? Como evitar que sejam usados para justificar discriminação ou vigilância injusta? Se tarefas de percepção já mostravam associação entre variantes-padrão e mais "inteligente" ou "competente", ao contrário da não padrão, em estudos de associação implícita, mostrando preconceito, estudos com biomarcadores mostram aquilo que as pessoas sequer conseguem racionalizar. O desvelamento do preconceito implícito e inconsciente pode ser bom ou ruim (há implicações éticas no uso dos resultados das pistas do processamento da variação linguística).

Essas práticas trazem à tona o delicado equilíbrio entre o avanço científico e os princípios éticos. O limiar entre o que é aceitável e o que é invasivo não é fixo e exige discussões ampliadas na ciência e na sociedade. O uso das pistas de estudos do processamento da variação linguística em LLMs não pode ser dissociado de debates sobre privacidade, transparência e responsabilidade.

O tema é especialmente atual, pois estamos apenas começando a compreender o alcance das aplicações da inteligência artificial em cenários sensíveis. A reflexão ética sobre o uso dessas tecnologias não é apenas um debate acadêmico, mas uma necessidade prática para garantir que o desenvolvimento científico respeite os direitos e a dignidade de todas as pessoas.

Mesmo no mundo das máquinas, a diversidade linguística continua no nosso cotidiano, e interferindo nas relações humanas. A diversidade das comunidades na sociedade se reflete também na diversidade das comunidades em amostras linguísticas para treinar LLMs (ou, pelo menos, deveria). Os vieses de seleção de amostras de línguas e variedades de línguas que compõe o *corpus* de treino dos modelos acentuam assimetrias, com exclusão, apagamento e priorização de uma variedade dita de prestígio em detrimento de outras. Estamos voltando a Babel antes do castigo divino?

Com essa reflexão, fica o convite para a continuidade nos estudos de processamento da variação linguística.

Notas

[1] W. Labov, *Sociolinguistic Patterns*. Philadelphia: University of Pennsylvania Press, 1972.
[2] S. T. Fiske, *Social Beings: Core Motives in Social Psychology*, New Jersey, John Wiley & Sons, 2018.
[3] G. W. Allport, *The Nature of Prejudice*, Boston, Reading/Addison-Wesley, 1954.
[4] C. Bourdieu, *O que falar quer dizer: a economia das trocas linguísticas*, Lisboa, Difel, 1998.
[5] Allport, op.cit., 1954.
[6] Disponível em: <https://g1.globo.com/sp/campinas-regiao/noticia/2016/07/medico-de-bocha-de-paciente-na-internet-nao-existe-peleumonia.html>. Acesso em: 29 mar. 2025.
[7] Disponível em:<https://g1.globo.com/ceara/noticia/2014/09/perfis-que-ofenderam-miss-brasil-em-redes-sociais-sao-apagados-diz-oab.html>. Acesso em: 29 mar. 2025.

[8] J. M. C. Câmara Jr., *Estrutura da língua portuguesa*, São Paulo: Vozes, 1971, pp. 50-51.
[9] Labov op.cit., 1972, p. 122
[10] V. R. A. Souza, "Monotongação de ditongos decrescentes orais no português brasileiro: uma revisão sistemática da literatura", *Revista de Estudos da Linguagem*, ano 30, n. 3, pp. 1143-84, 2022.
[11] E. Rosch, "Principles of categorization", E. Rosch; B. B. Lloyd (eds.), *Cognition and categorization*. Hillsdale, NJ, Lawrence Erlbaum Associates, 1978, pp. 27-48.
[12] M. M. P. Scherre, "Verdadeiro respeito pela fala do outro: realidade possível", *Revista Letra*, ano 8, n. 1, pp. 51-62, 2013.
[13] A. H. Silva; X. C. Lagares; M. Maia, *Linguagem simples para quem?* Campinas, Editora da Abralin, 2024.
[14] G. M. Batista; R. Freitag, "Para uma revisão da linguagem jurídica em sentenças judiciais", em *Lengua y Sociedad*, ano 21, n. 2, pp. 257-73, 2022.
[15] S. C. T. Sousa; R. C. O. de Andrade; C. I. B. Dionísio, "Sotaque no telejornalismo brasileiro: uma questão de política linguística", em *Revista (Con)textos Linguísticos*, ano 9, n. 12, pp. 255-73, 2015.
[16] L. W. Lopes et al., "Sotaque e telejornalismo: evidencias para a prática fonoaudiológica", em *CoDAS*, ano 25, pp. 475-481, 2013.
[17] Disponível em: <https://g1.globo.com/pop-arte/noticia/2022/06/11/juliette-neutralizar-o-sotaque.ghtml>. Acesso em: 29 mar. 2025.
[18] Disponível em: <https://www.bbc.com/portuguese/geral-56697071>. Acesso em: 29 mar. 2025.
[19] Disponível em: <https://revistacrescer.globo.com/Diversao/noticia/2021/11/criancas-portuguesas-estao-falando-como-brasileiros-por-causa-do-youtube-e-pais-estao-preocupados-diz-jornal.html>. Acesso em: 29 mar. 2025.
[20] R. M. K. Freitag, "Sociolinguistic repositories as asset: challenges and difficulties in Brazil", em *The Electronic Library*, ano 40, n. 5, pp. 607-22, 2022.
[21] J. Grieve et al., "The sociolinguistic foundations of language modeling", em *Frontiers in Artificial Intelligence*, v. 7, 2025. Disponível em: <https://doi.org/10.3389/frai.2024.1472411>. Acesso em 20 abr. 2025.
[22] E. Fleisig et al., "Linguistic Bias in ChatGPT: Language Models Reinforce Dialect Discrimination", em *arXiv preprint arXiv:2406.08818,* 2024.

Referências

AAKER, D. A. et al., "On Using Response Latency to Measure Preference". *Journal of Marketing Research*, v. 17, n. 2, 1980, pp. 237-44.
ABRAÇADO, J.; MARTINS, M. A. *Mapeamento sociolinguístico do português brasileiro.* São Paulo: Contexto, 2015.
AGUILERA, V. de A. Aspectos fonéticos do português brasileiro e as diferentes possibilidades de delimitação de áreas dialetais: os róticos em coda silábica. In: MOTA, J. A. et al. (org.). *Contribuições de estudos geolinguísticos para o português brasileiro:* uma homenagem a Suzana Cardoso. Salvador: Edufba, 2020, pp. 253-76.
AKRAMI, N.; EKEHAMMAR, B. "The Association Between Implicit and Explicit Prejudice: The Moderating Role of Motivation to Control Prejudiced Reactions". *Scandinavian Journal of Psychology.* v. 46, n. 4, 2005, pp. 361-6.
ALLPORT, G. W. *The Nature of Prejudice.* Boston: Reading/Addison-Wesley, 1954.
ARAUJO, A. S.; FREITAG, R. M. K. "O funcionamento dos planos discursivos em textos narrativos e opinativos: um estudo da atuação do domínio aspectual". *Signum:* estudos da linguagem, v. 15, n. 1, 2012, pp. 57-76.
AZEREDO, J. C. de. "Gramática Houaiss da Língua Portuguesa". *Publifolha*, 2008. p. 375.
BATISTA, G. M.; FREITAG, R. "Para uma revisão da linguagem jurídica em sentenças judiciais". *Lengua y Sociedad*, v. 21, n. 2, 2022, pp. 257-73.
BECHARA, E. *Moderna gramática portuguesa.* 37. ed. São Paulo: Nova Fronteira, 2009.
BELL, A. "Language Style as Audience Design". *Language in Society*, v. 13, n. 2, 1984, pp. 145-204.
BERMOND, B.; VAN HEERDEN, J. "The Muller-Lyer Illusion Explained and its Theoretical Importance Reconsidered" *Biology and Philosophy*, v. 11, 1996, pp. 321-38.
BOURDIEU, P. *O que falar quer dizer*: a economia das trocas linguísticas. Lisboa: Difel, 1988.
BRENDL, C. M.; MARKMAN, A. B.; MESSNER, C. "How do Indirect Measures of Evaluation Work? Evaluating the Inference of Prejudice in the Implicit Association Test". *Journal of personality and social psychology*, v. 81, n. 5, 2001, p. 760.
BUCHSTALLER, I. "Investigating the effect of socio-cognitive salience and speaker-based factors in morpho-syntactic life-span change". *Journal of English Linguistics*, v. 44, n. 3, 2016, pp. 199-229.

CÂMARA JÚNIOR, J. M. *Estrutura da língua portuguesa*. São Paulo: Vozes, 1971.
CAMPBELL-KIBLER, K. "Accent, (ING), and the Social Logic of Listener Perceptions". *American Speech*, v. 82, n. 1, 2007, pp. 32-64.
CARDOSO, D. P. *Atitudes linguísticas e avaliações subjetivas de alguns dialetos brasileiros*. São Paulo: Blucher Open Access, 2015.
CHAFE, W. L. "Language and Consciousness". *Language*, 1974, pp. 111-33.
CHAIKEN, S. E.; TROPE, Y. E. *Dual-process theories in social psychology*. New York: Guilford Press, 1999.
COSTA, L. T.; LOREGIAN-PENKAL, L. L. "O fenômeno de não elevação da vogal /e/ na fala de descendentes de escravos de Mallet, Paraná". *Revista de Letras Norte@mentos*, v. 9, n. 20, 2016, pp. 85-99.
CRIANÇAS portuguesas estão falando como brasileiros por causa do Youtube e pais estão preocupados, diz jornal. Crescer, 12 nov. 2021.
CUNNINGHAM, W. A.; PREACHER, K. J.; BANAJI, M. R. "Implicit Attitude Measures: Consistency, Stability, and Convergent Validity". *Psychological science*, v. 12, n. 2, 2001, pp. 163-70.
D'ONOFRIO, A. "Controlled and automatic perceptions of a sociolinguistic marker". *Language Variation and Change*, v. 30, n. 2, 2018, pp. 261-285.
DRAGER, K. "Experimental Methods in Sociolinguistics". *Research Methods in Sociolinguistics: A Practical Guide*, London, Bloomsbury Academic Press, 2013.
DRAGER, K.; KIRTLEY, M. J. "Awareness, salience, and stereotypes in exemplar-based models of speech production and perception". In: BABEL, A. (ed.). *Awareness and Control in Sociolinguistic Research*, 2016, pp. 1-24, 2016.
DUARTE, M. E. L. A evolução na representação do sujeito pronominal em dois tempos. In: PAIVA, M. D. C.; DUARTE, M. E. L. *Mudança linguística em tempo real*. Rio de Janeiro: Contra Capa, 2003, pp. 115-28.
ECKERT, P.; LABOV, W. "Phonetics, Phonology and Social Meaning". *Journal of Sociolinguistics*, v. 21, n. 4, 2017, pp. 467-96.
FARACO, C. A. *Norma culta brasileira:* desatando alguns nós. São Paulo: Parábola, 2008.
FISKE, S. T. *Social Beings*: Core Motives in Social Psychology. New Jersey: John Wiley & Sons, 2018.
FISKE, S. T.; TAYLOR, S. E. *Social Cognition*: From brains to culture. 4. ed. California: Sage, 2020.
FLEISIG, E. et al. "Linguistic Bias in ChatGPT: Language Models Reinforce Dialect Discrimination". *arXiv preprint arXiv:2406.08818,* 2024.
_____. (Re)discutindo sexo/gênero na sociolinguística. In: FREITAG, R. M. K.; SEVERO, C. G. (orgs.). *Mulheres, linguagem e poder-estudos de gênero na sociolinguística brasileira*. São Paulo: Blucher Open Access, 2015, pp. 17-74.
_____. "Uso, crença e atitudes na variação na primeira pessoa do plural no Português Brasileiro". *DELTA: Documentação de Estudos em Linguística Teórica e Aplicada*, v. 32, n. 4, 2016, pp. 889-917.
_____. Saliência estrutural, distribucional e sociocognitiva. *Acta scientiarum. Language and culture*, v. 40, n. 2, 2018.
_____. "Effects of the Linguistics Processing: Palatals in Brazilian Portuguese and the Sociolinguistic Monitor". *University of Pennsylvania Working Papers in Linguistics*, v. 25, n. 2, p. 1-10, 2020.

_____. Reparos na leitura em voz alta como pistas de consciência sociolinguística. *DELTA*: Documentação de Estudos em Linguística Teórica e Aplicada, v. 36, n. 2, 2020.

_____. "Sociolinguistic Repositories as Asset: Challenges and Difficulties in Brazil". *The Electronic Library*, v. 40, n. 5, 2022, pp. 607-22.

FREITAG, R. M. K. *Não existe linguagem neutra! Gênero na sociedade e na gramática do Português Brasileiro*. São Paulo: Contexto 2024.

_____.; SOUZA, G. G. A. "O caráter gradiente vs. discreto na palatalização de oclusivas em Sergipe". *Tabuleiro de letras*, v. 10, n. 2, 2016. pp. 78-89.

_____.; SOUZA, V. R. A. "Discriminação de palavras e efeitos da variação linguística". *Symposium in Information and Human Language Technology and Collocates Events*, SBC, 2019, pp. 345-53.

_____.; CRUZ, R. C. F.; DA CUNHA NASCIMENTO, T. "A gramática no corpo: dos recursos corporificados na construção e negociação dos sentidos". *Cadernos de Linguística*, v. 2, n. 1, 2021, p. e354.

_____.; DE SOUZA NETO, A. F.; CORRÊA, T. R. A. Panorama da palatalização em Sergipe. In: SILVA, M. F.; ALMEIDA, L. A. (orgs.). *Língua e sociedade:* diferentes perspectivas, fim comum, São Paulo: Blucher Open Access, 2019. pp. 63-80.

_____. et al. "Como os brasileiros acham que falam? Percepções sociolinguísticas de universitários do Sul e do Nordeste". *Todas as letras:* revista de língua e literatura, ano 18, n. 2, pp. 64-84, 2014.

_____. et al. "Respostas emocionais da variação linguística: análise exploratória de rastreio ocular". *Anais do XIII Simpósio Brasileiro de Tecnologia da Informação e da Linguagem Humana*, SBC, pp. 398-408, 2021.

_____. et al. "Rating linguistics features and facial expressions: an approach of variation processing". *Cadernos de linguística*, v. 1, n. 2, 2020, pp. 1-19.

GIVÓN, T. "Language, Function and Typology". *Journal of Literary Semantics*, v. 14, n. 2, 1985, pp. 83-97.

_____. *Functionalism and grammar*. Amsterdam/Philadelphia: John Benjamin, 1995.

GOMES, A. B. S. *Tinha só um dia pra mim fazer a inscrição:* um estudo sociolinguístico da variação pronominal em orações infinitivas iniciadas por para. Dissertação (Mestrado) – Universidade Estadual Paulista Júlio de Mesquita Filho. São José do Rio Preto: IBILCE, 2019.

GRIEVE, J. et al. "The sociolinguistic foundations of language modeling". *Frontiers in Artificial Intelligence*, v. 7, p. 1472411, 2025.

GUTIERRES, A.; ROCKENBACH, L. M.; BATTISTI, E. Mobilidade e variação linguística: realização da aproximante retroflexa [ɻ] no português de Passo Fundo-RS. In: FREITAG, R. M. K.; SAVEDRA, M. M. G. (orgs.). *Mobilidades e contatos linguísticos no Brasil,* São Paulo: Blucher Open Access, 2023. pp. 141-64.

HAWKEY, J. "Developing Discussion of Language Change Into a Three-Dimensional Model of Linguistic Phenomena". *Language and Linguistics Compass*, v. 10, n. 4, 2016, pp. 176-90.

JULIETTE afirma que pediram para 'neutralizar' seu sotaque em teste de dublagem. G1, 11 jun. 2022

KERSWILL, P.; WILLIAMS, A. "'Salience' as an Explanatory Factor in Language Change: Evidence from Dialect Levelling in Urban England". *Contributions to the Sociology of Language*, v. 86, n. 81-110, 2002, p. 102.

LABOV, W. "On the Mechanism of Linguistic Change". *Georgetown Monographs on Language and Linguistics*, v. 18, n. 91-114, 1965, p. 110.
_____. *Sociolinguistic Patterns*. Philadelphia: University of Pennsilvania Press, 1972.
_____. *Principles of Linguistic Change. Internal factors*. v. 1. Oxford: Basil Blackwell, 1994.
_____. "Listeners' sensitivity to the frequency of sociolinguistic variables". *Annual Meeting of NWAV*, 2005.
_____. "Properties of the Sociolinguistic Monitor". *Journal of Sociolinguistics*, v. 15, n. 4, pp. 431-63, 2011.
LANGACKER, R. W. *Cognitive Linguistics Research*. Berlin: Mouton de Gruyter, 1991.
LEMLE, M.; NARO, A. J. *Competências básicas do português: relatório final de pesquisa apresentado às instituições patrocinadoras – Fundação Mobral e Fundação Ford*. Rio de Janeiro, 1977.
LEVELT, W. J. "Monitoring and self-repair in speech". *Cognition*, v. 14, n. 1, 1983, pp. 41-104.
LEVON, E.; FOX, S. "Social Salience and the Sociolinguistic Monitor: A Case Study of ING and TH-Fronting in Britain". *Journal of English Linguistics*, v. 42, n. 3, pp. 185-217, 2014.
LIMA, M. E. O.; FRANÇA, D. X.; FREITAG, R. M. K. *Processos psicossociais de exclusão social*. São Paulo: Blucher Open Access, 2020.
LOPES, C. R. S. Pronomes pessoais. In: BRANDÃO, S. F. B.; VIEIRA, S. R. *Ensino de gramática*: descrição e uso. São Paulo: Contexto, 2011, pp. 103-114.
LOPES, L. W. et al. "Sotaque e telejornalismo: evidencias para a prática fonoaudiológica" *CoDAS*, v. 25, 2013, pp. 475-81.
MAASS, A.; CASTELLI, L.; ARCURI, L. "Measuring Prejudice: Implicit versus Explicit Techniques". *Social Identity Processes*: Trends in Theory and Research, 2000, pp. 96-116.
MAIA, M. *Psicolinguística:* diversidades, interfaces e aplicações. São Paulo: Contexto, 2022.
MATHÔT, S. et al. "OpenSesame: An Open-source, Graphical Experiment Builder for the Social Sciences". *Behavior Research Methods*, v. 44, n. 2, 2012, pp. 314-24.
McGOWAN, K. B.; BABEL, A. M. "Perceiving isn't Believing: Divergence in Levels of Sociolinguistic Awareness". *Language in Society*, 2019, pp. 1-26.
MENEZES, K. V. "Explorando pistas sociolinguísticas em obras literárias: o diálogo literário e a construção de personas sociais através de traços variáveis da língua". *Revista da ABRALIN*, ano 22, n. 2, 2023, pp. 64-88.
MIRANDA, I. C. C.; GUIMARÃES, D. M. L. O. "Contribuição dos modelos multirrepresentacionais à variação fonológica". *Letrônica*, v. 6, n. 1, 2013, pp. 214-27.
MULLEN, B. et al. "In-group-out-group Differences in Social Projection". *Journal of Experimental Social Psychology*, v, 28, n. 5, 1992, pp. 422-40.
OUSHIRO, L. "A Computational Approach for Modeling the Indexical Field". *Revista de estudos da linguagem*, v. 27, n. 4, pp. 1737-86, 2019.
PAYNE, B. K. "What Mistakes Disclose: A Process Dissociation Approach to Automatic and Controlled Processes in Social Psychology". *Social and Personality Psychology Compass*, v. 2, n. 2, pp. 1073-92, 2008.
PERFIS que ofenderam Miss Brasil em redes sociais são apagados, diz OAB. G1, 30 set. 2014.

PFLAEGING, J.; MACKAY, B.; SCHLEEF, E. "Sociolinguistic monitoring and L2 speakers of English". *Linguistics*, 2025. Disponível em: https://doi.org/10.1515/ling-2023-0073. Acesso em 20 abr. 2025.

PRESTON, D. R. "The power of language regard-discrimination, classification, comprehension, and production". *Dialectologia: revista electrônica*, pp. 9-33, 2011.

PRICHARD, H.; TAMMINGA, M. "The Impact of Higher Education on Philadelphia Vowels". *University of Pennsylvania Working Papers in Linguistics,* v. 18, n. 2, pp. 87-95, 2012.

RODRIGUES, A. G. P.; ARAÚJO, A. A. de. "Tarra onde, menina réa? A aspiração de /v/ no falar de Fortaleza". *Revista de estudos da linguagem,* v. 22, n. 2, pp. 11-58, 2014.

RODRIGUES, A. G. P.; ARAÚJO, A. A. de; PEREIRA, M. L. de S. "Ramo rê se rai dá certo: o enfraquecimento da fricativa /v/ no falar de Fortaleza-CE". *Fórum linguístico,* v. 15, n. 2, pp. 3055, 2018.

ROSCH, E. Principles of Categorization. In: ROSCH, E.; LLOYD, B. B. (eds.). *Cognition and Categorization.* Hillsdale, NJ: Lawrence Erlbaum Associates, 1978. pp. 27-48.

SALTZMAN, I. J.; GARNER, W. R. "Reaction Time as a Measure of Span of Attention". *The Journal of psychology*, v. 25, n. 2, pp. 227-41, 1948.

SAMPAIO, T. O. M. "A escolha de software e hardware na psicolinguística: revisão e opinião". *Revista de Estudos da Linguagem*, v. 25, n. 3, 2017.

SANKOFF, D.; LABOV, W. "On the uses of variable rules". *Language in Society,* v. 8, n. 2-3, pp. 189-222, 1979.

SCHERRE, M. M. P. "Verdadeiro respeito pela fala do outro: realidade possível". *Revista Letra,* v. 8, n. 1, pp. 51-62, 2013.

SCHERRE, M. M. P.; NARO, A. J.; CARDOSO, C. R. "O papel do tipo de verbo na concordância verbal no português brasileiro". *DELTA*: Documentação de Estudos em Linguística Teórica e Aplicada, v. *23*, pp. 283-317, 2007.

SCHERRE, M. M. P.; NARO, A. J. Sobre a concordância de número no português falado do Brasil. In: RUFFINO, G. (ed.). *Dialettologia, geolinguistica, sociolinguistica.* Tübingen: Max Niemeyer Verlag, 1998. pp. 509-24.

SCHMID, H. J.; GÜNTHER, F. "Toward a Unified Socio-cognitive Framework for Salience in Language". *Frontiers in Psychology*, v. 7, pp. 1110, 2016.

SILVA, A. H.; LAGARES, X. C.; MAIA, M. *Linguagem simples para quem?* Campinas: Editora da Abralin, 2024.

SILVA, T. C. *Fonética e fonologia do português*: roteiro de estudos e guia de exercícios. São Paulo: Contexto, 2013.

SILVERSTEIN, M. "Indexical Order and the Dialectics of Sociolinguistic Life". *Language & communication*, v. 23, n. 3-4, pp. 193-229, 2003.

SIQUEIRA, M. "Falantes (não) têm consciência da variação morfossintática". *Revista de Estudos da Linguagem,* v. 31, n. 2, pp. 578-615, 2023.

SOUSA, M. D. A. F. "A realização variável do fonema /v/ no português brasileiro: revisitando estudos dos anos 2000-2017". *Web Revista Sociodialeto,* v. 8, n. 24, pp. 1-11, 2018.

SOUSA, S. C. T.; ANDRADE, R. C. O. de; DIONÍSIO, C. I. B. "Sotaque no telejornalismo brasileiro: uma questão de política linguística" *Revista (Con)textos Linguísticos*, ano 9, n. 12, 2015, pp. 255-273.

SOUZA, V. R. A. "Monotongação de ditongos decrescentes orais no português brasileiro: uma revisão sistemática da literatura". *Revista de Estudos da Linguagem*, v. 30, n. 3, 2022, pp. 1143-1184.

SOUZA, V. R. A.; FREITAG, R. M. K. "Efeitos da variação linguística na decisão lexical". *Anais do XIII Simpósio Brasileiro de Tecnologia da Informação e da Linguagem Humana*, SBC, pp. 297-306, 2021.

SQUIRES, L. "Processing Grammatical Differences: Perceiving versus Noticing". BABEL, A. (ed.). *Awareness and Control in Sociolinguistic Research*. 2016, pp. 80-103.

STECKER, A. "Investigations of the sociolinguistic monitor and perceived gender identity". University of Pennsylvania Working Papers in Linguistics, v. 26, n. 2, p. 1-14, 2020.

TAJFEL, H. *Social identity and intergroup relations*. Cambridge: Cambridge University Press, 2010.

TAVARES, V. 'O YouTube influencia o jeito de falar da minha filha'. BBC, 13 abr. 2021.

TEJADA, J. et al. "Building and validation of a set of facial expression images to detect emotions: a transcultural study". *Psychological Research*. v. 86, n. 6, 2022, pp. 1996-2006.

TORRES, F. F.; COAN, M. "Gerundismo: variação e preconceito linguístico". *Revista do GELNE*, v. 13, n. 1/2, pp. 1-14, 2011.

TRUDGILL, P. *Dialects in contact*. Oxford: Basil Blackwell, 1986.

VICTAL, R. Médico debocha de paciente na internet: 'Não existe peleumonia'. G1, 29 jul. 2016.

VIEBAHN, M. C.; LUCE, P. A. "Increased exposure and phonetic context help listeners recognize allophonic variants". *Attention, Perception & Psychophysics*, v. 80, n. 6, pp. 1539-58, 2018.

VIEBAHN, M. C.; LUCE, P. A. "Where is the disadvantage for reduced pronunciation variants in spoken-word recognition? on the neglected role of the decision stage in the processing of word-form variation". *Language, Cognition and Neuroscience*, v. 35, n. 3, 2020, pp. 339-359.

WEINREICH, U.; LABOV, W.; HERZOG, M. Empirical Foundations for a Theory of Language Change. In: LEHMANN, W. P; MALKIEL, Y. (eds.). *Directions for Historical Linguistics*. Austin, TX: University of Texas Press, 1968. pp. 95-195.

A autora

Raquel Freitag é linguista e professora do Departamento de Letras Vernáculas da Universidade Federal de Sergipe (UFSE), com doutorado em Linguística pela Universidade Federal de Santa Catarina (UFSC), e estuda o processamento da variação linguística. Pela Contexto é coautora dos livros *História do Português Brasileiro Vol. IV* e *Psicolinguística: diversidades, interfaces e aplicações*, além de autora de *Não existe linguagem neutra! Gênero na sociedade e na gramática do português brasileiro*.

CADASTRE-SE
EM NOSSO SITE,
FIQUE POR DENTRO DAS NOVIDADES
E APROVEITE OS MELHORES DESCONTOS

LIVROS NAS ÁREAS DE:

História | Língua Portuguesa
Educação | Geografia | Comunicação
Relações Internacionais | Ciências Sociais
Formação de professor | Interesse geral

ou
editoracontexto.com.br/newscontexto

Siga a Contexto
nas Redes Sociais:
@editoracontexto

GRÁFICA PAYM
Tel. [11] 4392-3344
paym@graficapaym.com.br